EL ENEMIGO ENTRE NOSOTROS

POR

ELIAS JUAN BAUTISTA

Library of Congress Cataloging in Publications Data
Elias Juan Bautista Ministries, NVC1968 Publicado en 2018
El Enemigo Entre Nosotros / Elías Juan Bautista Ministries / NCV 1968
ISBN (pbk : alk, paper) 978-0-578-42012-7
ISBN (e-book) 978-0-578-21405-4

2

DEDICATORIA

Primero, toda honra y gloria sean siempre dadas a El Padre, El Hijo y El Espíritu Santo, quien en su infinito amor y misericordia, nos fortalece para la labor de rescatar, salvar, sanar, liberar de la esclavitud y muerte eterna.

Segundo, que este mensaje encuentre un lugar en el corazón de mis hijos, en el de sus hijos y en el de todos aquellos que necesiten entender el corazón de un padre que ama, que intercede y ruega a Dios por su bendición y protección.

Tercero, quiero agradecer, honrar y reconocer el esfuerzo de todos los pastores, ministros y líderes que han ofrendado sus vidas por predicar, vivir y ser ejemplo de un evangelio puro y santo, sin avaricia y codicia por las riquezas materiales. Que con humildad y muchos sacrificios nos dieron el ejemplo de que si se puede servir a Dios sin tener que doblar rodilla a los Baales.

Cuarto, este libro esta dedicado a todas las personas que han sido victimas de atropellos, engaños, estafas y desilusión por parte de falsos profetas, pastores, y lideres espirituales caídos y torcidos.

Recomiendo que con urgencia se exijan programas completos y verdaderos de discipulado en donde las familias cristianas puedan ser edificadas con materiales sólidos e indestructibles. Que la antorcha encendida de la palabra de Dios continúe brillando en el corazón de muchos para que no falten los valores y el poder de Dios en sus vidas, esta es mi continua oración.

Gracias Padre celestial por todo tu amor, favor, misericordia y bendición.
Gracias por la salud, sabiduría, paciencia, paz y comprensión de los planes para tu pueblo.
Gracias por las oportunidades, por los poderes concedidos de amar y perdonar, amen.

El AUTOR

Romanos 1:16. Porque no me avergüenzo del evangelio, porque es poder de Dios para salvación a todo aquel que cree; al judío primeramente, y también al griego. 17. Porque en el evangelio la justicia de Dios se revela por fe y para fe, como está escrito: Mas el justo por la fe vivirá.

Después de cuarenta años, observando la dinámica de muchas iglesias cristianas evangélicas, que funcionan como ministerios corporativos, asociados e independientes, de colaborar directamente con pastores, de hacer trabajo misionero, de enseñar la palabra de Dios y de ver las condiciones actuales que son precarias, torcidas y contaminadas se me hace urgente hacer y declarar este mensaje de los últimos tiempos, que este reporte informativo y educacional sea de utilidad a los próximos discípulos y pastores .

Los frutos y resultados de esta lectura serán mucho más beneficiosos cuando se pueda traer al altar del perdón las rivalidades, fricciones, resentimientos y heridas personales.

La primera vez que se lea este libro ayudara a los procesos de sanidad y restauración personal, la segunda vez que se repase se lograra mayor fortalecimiento, edificación y consolidación de su vida espiritual en Cristo Jesús.

Esta lectura no pretende nunca reemplazar la lectura principal de las sagradas escrituras, pero aquí encontrara muchas referencias de la Biblia para su edificación; tampoco este libro intenta anteponerse o entremeterse entre las necesidades espirituales de cada individuo y el poder sanador y restaurador de El Espíritu Santo pero si creo firmemente que este libro puede ser un instrumento que facilitara ese proceso.

Espero que todos los daños personales puedan ser superados y que quedando desvanecidos sean muchos los valientes que sigan con este importante y necesario mensaje.

No existe ningún impedimento para hablar, decir, escribir, predicar y educar ampliamente respecto a estos temas, lo que si existe es la impuesta necesidad y responsabilidad de revelar donde y como trabajan las diferentes trampas del enemigo contra el pueblo de Dios.

Si alguien necesita compartir su historia o testimonio en relación con estos temas puede hacerlo a esta dirección de correo electrónico,

eliasjuanbautista@outlook.com

www.eliasjuanbautista.net

Si alguien con el llamado necesita consejería y oración por favor comuníquense.

Los hermanos que quieran ser voceros y atalayas de estos temas por favor escribir para más información y apoyo gracias.

ADVERTENCIA

Recomiendo discreción, madurez, templanza y guianza de El Espíritu Santo para esta lectura que puede llegar a ser por momentos una inquietante realidad. Si esta lectura en algún momento toca heridas que no han sanado por favor cierre sus ojos y permita que El Espíritu Santo le ministre sanidad, paz, consuelo y fortaleza. Cuando la parte analítica crítica de esta lectura sea incomoda recomiendo al lector una pausa y si fuera necesario adelantarse al mensaje final que se encuentra en los capítulos 14 y 15.

Apocalipsis 10:9. Y fui al ángel, diciéndole que me diese el librito. Y él me dijo: Toma, y cómelo; y te amargará el vientre, pero en tu boca será dulce como la miel. 10. Entonces tomé el librito de la mano del ángel, y lo comí; y era dulce en mi boca como la miel, pero cuando lo hube comido, amargó mi vientre. 11. Y él me dijo: Es necesario que profetices otra vez sobre muchos pueblos, naciones, lenguas y reyes.

El contenido de esta lectura es un resumen y no representa una interpretación total, ni única de todos los temas que aquí se mencionan.

Esta lectura debe ser usada como una referencia bíblica, una interpretación de los hechos actuales que han invadido a la iglesia y como una advertencia de las consecuencias o repercusiones que amenazan a todos los creyentes de la Fe cristiana.

INTRODUCCION

Muchas han sido las decepciones y traiciones por las complicaciones, muchas son también las explicaciones y justificaciones que sin ninguna justa razón se han sufrido por parte de aquellos a quienes mas hemos amado y confiado en nuestras vidas.

Nuestros líderes, profetas, pastores, maestros, guías, hermanos y amigos se han llegado a convertir en adversarios, enemigos, obstáculos y en la persecución presente que acosa, acusa e intenta querer vernos agonizar en una cruz; todos ellos son los mismos que un día pudimos amar, servir, ayudar, levantar y bendecir pero que viven atormentados como el rey Saúl, este rey no podía ver ni aceptar sus faltas pero acusaba e intentaba dar muerte a David. Otro ejemplo similar lo fue El Sanedrín (la corte suprema de la ley Judía estructurada por 23 a 71 rabinos) que no descanso hasta crucificar a Jesucristo en una cruz.

Todos estos se sienten amenazados por el cambio que viene y es su único afán el poder resistir este cambio para poder seguir sentados en el poder, específicamente en el trono de poder seguir haciendo lo mismo que en muchos casos es abuso de autoridad y de privilegios.

El rey David, el salmista tuvo que superar todos los menosprecios que sufrió de su padre Isaí, sus hermanos, su rey Saúl, su esposa Mical y su hijo Absalón; este es uno de los mejores ejemplos del cual podemos aprender y ayudarnos a entender el porque tantos conflictos y adversidades entre los círculos mas íntimos de cada persona.

Aquí atenderemos y desglosaremos soluciones detalladas a los muchos conflictos que agobian a las familias cristianas por los abusos pastorales o ministeriales; la iglesia que un día nació protestando contra los abusos y la idolatría de la iglesia católica romana se ha convertido hoy en día en el ministerio abusador e idolatra que viene acumulado suficientes protestas en su contra por todos los pecados inmorales, la ambición de riquezas, poder y falsas enseñanzas.

Todo creyente debe estar advertido y preparado para poder navegar sobre las tormentas de oposición y adversidad que tarde o temprano tendrá que enfrentar por parte de aquellos que más ama y confía tanto en su hogar como en su círculo de fe.

La historia muestra claramente que el final de una etapa, de una era y de un dominio siempre refleja un alto índice de corrupción en todas sus esferas sociales y que la religiosa o entre comillas la de nuestros líderes espirituales no es ajena o inmune a la corrupción y degradación de los valores que profesan tener.

Los tiempos finales en los que estamos viviendo rebalsan de niveles profundos y sofisticados de corrupción especialmente entre nuestros pastores y las leyes de los hombres que han sabido adaptar y favorecer el pecado, tendiendo a proteger lo torcido, lo inhumano, lo perverso y todo lo que esta en contra de Dios, sus valores y su palabra; por consecuencia muchas naciones y sociedades enteras se están auto declarando en enemigas de Dios siendo la religiosa, eclesiástica o la de los líderes espirituales la primera en encabezar esta lista, estos se encargan de promover el anatema en el lugar santo lo cual es a su vez una practica de la abominación desoladora.

Nuestras iglesias cristianas evangélicas se están convirtiendo en la incubadora donde se forman falsos profetas que unidos en la mentira y falsedad dan honra y gloria a el espíritu de "El Falso Profeta", el cual prepara la plataforma de presentación y lanzamiento de la "La Bestia" que nos es narrado en los libros de Apocalipsis y Daniel.

Jeremías 12:6. Porque aun tus hermanos y la casa de tu padre, aun ellos se levantaron contra ti, aun ellos dieron grito en pos de ti. No los creas cuando bien te hablen. 7. He dejado mi casa, desamparé mi heredad, he entregado lo que amaba mi alma en mano de sus enemigos. 8. Mi heredad fue para mí como león en la selva; contra mí dio su rugido; por tanto, la aborrecí. 9. ¿Es mi heredad para mí como ave de rapiña de muchos colores? ¿No están contra ella aves de rapiña en derredor? Venid, reuníos, vosotras todas las fieras del campo, venid a devorarla. 10. Muchos pastores han destruido mi viña, hollaron mi heredad, convirtieron en desierto y soledad mi heredad preciosa. 11. Fue puesta en asolamiento, y lloró sobre mí desolada; fue asolada toda la tierra, porque no hubo hombre que reflexionase. 12. Sobre todas las alturas del desierto vinieron destruidores; porque la espada de Jehová devorará desde un extremo de la tierra hasta el otro; no habrá paz para ninguna carne.

El fin de los tiempos y reinado del rey Saúl es uno de esos ejemplos que muestra claramente las aberraciones y múltiples horrores cometidos por un hombre con autoridad y protección divina; el que fue escogido y ungido para representar la autoridad de Dios sobre su pueblo pero que decidió desobedecer y traspasar muchos limites en su posición de autoridad, dando así comienzo a un nuevo linaje que seria representado en una nueva y fresca unción, el linaje de David.

¡La venida de Jesús Cristo es inminente!

El profeta Miqueas anuncio el final de los reinos divididos de Israel, todo el libro detalla las grandes fallas, caídas y situaciones deplorables dentro de los reinos del sur y el norte. La rebelión era una manera muy natural en la conducta de aquellos días y tal como lo es en estos tiempos la rebelión se vuelve a posicionar como una norma; los lugares altos o altares a dioses paganos era una idolatría financiada por la prostitución que inducía a actos de lascivia con los malos espíritus; por las noches en vez de descansar la gente pobre y rica solo pensaba en iniquidades y maquinaban maldades para el día siguiente. ¿Pero porque esta manera de vivir? La respuesta esta en el verso 1 del capitulo 2 de Miqueas.

¡Porque tienen en su mano el poder!

Miqueas 2:10-11 describe, codicia, robo, opresión, contaminación, corrupción y Miqueas 3:2 espíritu de falsedad y mentira en sus profetas. Ellos aborrecían lo bueno y amaban lo malo, cuando toda esta podredumbre se fermenta en la familia, la iglesia y la nación, las injusticias abundaran por todos lados y todo esto conducirá a venganzas y a la autodestrucción del individuo, la familia, el ministerio y la nación.

Miqueas 7:4. El mejor de ellos es como el espino; el más recto, como zarzal; el día de tu castigo viene, el que anunciaron tus atalayas; ahora será su confusión. 5. No creáis en amigo, ni confiéis en príncipe; de la que duerme a tu lado cuídate, no abras tu boca. 6. Porque el hijo deshonra al padre, la hija se levanta contra la madre, la nuera contra su suegra, y los enemigos del hombre son los de su casa. 7. Mas yo a Jehová miraré, esperaré al Dios de mi salvación; el Dios mío me oirá.

Debo aclarar que el señalamiento "la que duerme a tu lado" fácilmente se puede ampliar y extender también a: "el que duerme a tu lado", no existen límites de traición cuando abunda la corrupción principalmente entre aquellos que se denominan y se hacen llamar, "Los llenos de unción y de poder" que solo tuercen y manipulan a su conveniencia.

Desde el principio de la historia bíblica en Génesis capitulo cuatro se describe que la simiente de Dios ha tenido un enemigo, un adversario que nació y se formo en el mismo vientre de Eva, este se opone a todo lo que es agradable para Dios, es sanguinario y hambriento de poder, así fue Caín el hermano de Abel, estos dos crecieron juntos. Dios encontró muy agradable las ofrendas, actitudes, oraciones y devoción sincera de Abel, pero todo esto fue la misma causa para que Caín matara a su hermano. Todo esto es abundante en estos tiempos finales en que vivimos, los pecadores reclaman los lugares santos para convertirlos en altares de idolatría y blasfemia.

El enemigo más significativo del siervo o hijo de Dios no es el que esta en el mundo, sino es el que esta dentro de su propia casa, en su familia, el que viaja en el mismo carro, que come en la misma mesa y con quien comparte en la misma iglesia, puede ser aquel, de quien menos uno se lo espera.

La desconfianza pisa fuerte y esta presente en todas partes, nadie sostiene su palabra, la mayor parte tienen doble animo, nadie habla con la verdad, todos ellos buscan su propia ventaja humillando y maltratando a otros para gloriarse de su "éxito material".

Los hijos de Noé escaparon del diluvio universal refugiándose en la misma barca, pero no todos tenían el mismo sentir y temor de Dios, había uno diferente y sus hechos lo delataron.

Otro claro ejemplo de esta oposición es detallada en la vida de José y sus hermanos que intentaron matarlo, pero que se conformaron con venderlo como esclavo, Génesis capitulo 37; Judas el Iscariote que sentado en la misma mesa cenando se levanto para tramar y entregar con un beso a su maestro, leer Mateo 13:24-30 para mejor comprensión.

Génesis 3:15. Y pondré enemistad entre ti y la mujer, y entre tu simiente y la simiente suya; ésta te herirá en la cabeza, y tú le herirás en el calcañar.

Dios tiene un plan de salvación, de rescate, de provisión y de promoción para sus hijos, pero en la mayoría de los casos como lo fue con Moisés las situaciones más complicadas y prolongadas no son las propuestas por las cortes de Faraón y los ejércitos de Egipto, pero si vienen a ser aquellas adversidades propuestas e interpuestas por aquellos que consideramos el pueblo de Dios y/o nuestra familia; el tiempo y oposición que enfrento Moisés por parte de Faraón y de Egipto no se compara con los cuarenta años de oposición por parte del mismo pueblo Hebreo que fue liberado; estos son los mismos que vieron el poder de Dios y sus maravillas actuando a favor de ellos pero que tuvieron gran dificultad en creer y aceptar poder recibir la tierra prometida.

No os dejéis engañar en pensar que la tierra prometida son riquezas, fama y poder porque no lo es, todo esto es y pueden ser añadiduras que en la mayoría de casos corrompen al débil, incapaz o inconstante en la fe.

La tierra prometida en la que todos los santos de Dios deben vivir en estos tiempos finales es el vivir en santidad y estar preparados para la segunda venida de Cristo, vivir en perfecta paz en medio del huracán, no importan que la tierra tiemble y sea removida, no temeré aunque un ejercito acampe contra mi por que yo se de donde viene mi socorro, mi socorro viene de Jehová quien hizo los cielos y la tierra.

Las pruebas y dificultades mas agobiantes vendrán muchas veces por medio de aquellos a los que hemos provisto ayuda, rescate y bendición, pero que muchos de estos viven con una atracción al pasado, la miseria, adicciones, limitaciones y cadenas de maldición.

La incredulidad a las promesas de Dios, la falta de fe y seguridad en su plan para bendecirnos son los factores primordiales para quedar muchas veces congelados o estancados en un circulo vicioso y sin avances.

Solamente con los poderes del amor, el perdón y la comunicación sin prejuicios entre el círculo cercano y familiar se podrá salir hacia adelante y progresar en todas las metas que nos conducen a la tierra prometida.

No permitamos que los prejuicios, la soberbia, el ego, el divorcio y la separación se conviertan en el ultimátum de un dolor profundo.

CAPITULO 1

UN CORAZON SACERDOTAL

Moisés sufrió vituperios, persecución y muchas aflicciones departe del pueblo que Dios le envío a sacar de la esclavitud, pero fue la actitud de intercesor y de pastor por este pueblo de dura cerviz lo que lo promovió a ser un héroe de la fe, a una posición de revelación del Pentateuco y a una consagración trascendental para el sacerdocio Levita de donde Dios levantaría profetas como Samuel, Ezequiel, Esdras y Malaquías.

María y Aaron murmuraron contra Moisés manifestándose un castigo en forma de lepra sobre María, pero Moisés intercedió y rogó a Dios para que le sanara y así fue después de siete días cumplidos, Números capitulo 12.

Dios busca pastores precisamente con un corazón sacerdotal, lideres que genuinamente intercedan y que operen de la misma manera. Sacerdotes con la habilidad de poner en el altar del perdón todas las afrentas, quejas, demandas, dolores, ataques para que ellos mismos puedan permanecer en un estado de santidad, sanidad, misericordia, bendición y promoción.

1 Samuel 13:14. Mas ahora tu reino no será duradero. Jehová se ha buscado un varón conforme a su corazón, al cual Jehová ha designado para que sea príncipe sobre su pueblo, por cuanto tú no has guardado lo que Jehová te mandó.

David creyó, peleo y defendió todos los intereses del reino representados en su rey Saúl, mas sin embargo este rey escogido, ungido y torcido se empecino en usar, abusar y perseguir para matar al que traía la nueva y fresca unción.

La persecución sobre David lo dejo sin familia, sin amigos y los pocos que le quedaron sufrieron junto con el. Esta situación desesperada lo forzó a buscar refugio en la ciudad de sus enemigos, en donde tuvo que aparentar y hacerse pasar por un trastornado mental para confundirlos pues ellos también procuraban su muerte.

Los ataques venían por todos lados, tanto del ejército amigo como del reino enemigo; las afrentas más difíciles que un creyente debe aprender a superar no son las que vienen del mundo y de los inconversos, pero de aquellos que se dicen ser hermanos, hijos, padres, pastores y líderes espirituales, todos estos pueden llegar a ser ataques mortales que encausen a una muerte espiritual.

1 Samuel 21:12. Y David puso en su corazón estas palabras, y tuvo gran temor de Aquis rey de Gat. 13. Y cambió su manera de comportarse delante de ellos, y se fingió loco entre ellos, y escribía en las portadas de las puertas, y dejaba correr la saliva por su barba.

Muchos cristianos asimilan actitudes impropias o rebeldes como un mecanismo de defensa, pero estas acciones no son cien por ciento lo que ellos son, creen o quieren hacer; el acoso y las pruebas que viven son tan fuertes que muchas veces la falta de comprensión, comunicación y madures los puede llevar a actitudes y reacciones impropias que son usadas para marcar distancia entre sus acusadores y verdugos.

Es imperativo que esas actitudes rebeldes no permanezcan, que se ejerza una corrección y abandono inmediato de las actitudes torcidas y que la distancia, alejamiento y separación de las personas y ambientes nocivos tóxicos sean el objetivo principal para evitar las recaídas nefastas y consecuencias innecesarias.

Muchas fueron las oportunidades y recursos que le fueron negados a David, la calidad de vida que se merecía tener le fue arrebatada por el mismo rey que le mintió con falsas promesas y que a cambio le daría una vida dura llena de angustia, hambre, destierro, abandono, desprecio y persecución.

1 Samuel 17:25. Y cada uno de los de Israel decía: ¿No habéis visto aquel hombre que ha salido? El se adelanta para provocar a Israel. Al que le venciere, el rey le enriquecerá con grandes riquezas, y le dará su hija, y eximirá de tributos a la casa de su padre en Israel.

Matar Filisteos, gigantes, osos y leones no fue difícil para David, pero entender la protección que disfrutaba este rey ungido y torcido fue lo mas difícil de entender y de soportar antes de recibir su promoción como rey de Israel.

Saúl tuvo que decidir sobre su propia vida cuando se vio sin un hijo sucesor al trono, sin ejército y con el desprecio de su pueblo. Todos los maltratos, humillaciones y ataques de rabia que venían de Saúl quien sufría de trastornos mentales, emocionales y espirituales fueron quizás la guerra más férrea que tuvo que enfrentar el valiente David; Dios usaría todas estas circunstancias para afinar su temperamento, ímpetu, gallardía, instintos de defensa y ataque como a demás mejor comprensión de lo que era y significaba estar en una guerra y lucha espiritual. David necesitaba aprender a no confiar solamente en sus destrezas y capacidades, él tenía que descansar, confiar y conocer la paz de Dios en otros niveles más aptos para la responsabilidad y privilegios que le serian otorgados.

David obtuvo y alcanzo una posición privilegiada delante de Dios no por ser sanguinario, conquistador y sublevar a los reyes enemigos pero mas bien fue por ser un rey con corazón sacerdotal, él sentía y sufría por su pueblo; no se alegro de la muerte de Saúl y de Jonatan, ni tampoco celebro por la muerte de su hijo Absalón quien se llego a convertir en un adversario de alto calibre.

David fue experimentado en desprecio, abandono, sufrimiento, traición y mucho dolor por parte de aquellos que confío, amo y protegió más sin embargo su corazón no tendía hacia la venganza sino mas bien al perdón, reconciliación y a la intercesión de su familia y enemigos de su mismo reino. Todo este conjunto de cualidades son las que pueden abrir abundantes bendiciones para el siervo de Dios y la familia de Dios.

Esta seria la gran batalla que David tendría que ganar sin ejército y sin espada, No seria con la destreza para la guerra ni con el filo desenvainado con que normalmente acababa en un dos por tres con los ejércitos enemigos, esta seria su practica de batalla en el terreno espiritual contra otra clase de gigantes y el pasar esta prueba seria esencial para recibir la promoción y calificación a las promesas y bendiciones rezagadas o atrasadas para todo el pueblo por los tropiezos y pecado representados en el liderazgo del ungido y torcido rey Saúl.

Dios tenía un plan para cumplir sus promesas para el pueblo, lo único que faltaba era establecer ese canal de bendición propio y legible, David era esa pieza clave y vital para que muchas promesa se realizaran: Génesis 12:7, 13:14-18, 15:18-20, 2 de Samuel 8:1-18 y 1 Reyes 4:20-25 El estorbo mas grande para las promesas y bendiciones de Dios son un siervo ungido y torcido, como además un pastor caído que persiste en estar al frente del pueblo de Dios que miente, finge y que sabe esconder su pecado.

Dios tiene un plan de bendición, perdón, sanidad, reconciliación y restauración para cada uno de todos los que enfrentan una situación similar a la de David y por el contrario el enemigo busca corazones rencorosos, vengativos, amargados llenos de odio y traición para traer dolor, maldición, enfermedad, quebranto, muerte y destrucción, Deuteronomio capitulo 28.

PRIMERO, David entendía que jamás iba a poder entrar en razón con esta fiera o bestia que respiraba y gruñía fuerte contra su vida; en realidad los actos barbaricos cometidos por Saúl lo acreditaban a este titulo de "Bestia".

La Biblia también utiliza este término cuando se refiere a los engendros producidos por el ángel caído de Luzbel y tales son todos los actos cometidos por aquellos pastores caídos que pretenden ocultar con una cortina sus barbaridades.

Saúl asesino a sangre fría a un grupo de sacerdotes y sus familias y esto es lo mismo que hacen muchos criminales desde los pulpitos con las familias cristianas y el pueblo de Dios hoy en día, comienza con un veneno mortal que les mata espiritualmente y que luego les afecta físicamente, mental y emocional, 1Samuel 22:18-19.

SEGUNDO, David comprendió que seria contraproducente el extender su mano contra el rey Saúl, que el actuar contra él seria como ponerle un fin a la oportunidad de comenzar con el pie derecho, con toda la bendición y protección de lo alto; que esto seria como el fin de su carrera o de su llamado, pues ¿de que servia? llegar a ser rey o tener un trono sobre el cual Dios lo viera con desagrado, desprecio y rechazo como a Saúl. David podía soportar y procesar el desprecio de los hombres, pero jamás era concebible el desprecio de Dios, 1 de Samuel 15:23.

TERCERO, David acepto que Saúl era intocable y que solo Dios mismo podía dar sentencia y juicio contra este ungido torcido y que el atentar contra Saúl significaba invitar a todos los malos espíritus que lo atormentaban para que tuvieran licencia de atormentar al nuevo ungido y nuevo reinado, Dios quería bendecir a su pueblo a través de un nuevo rey revestido de una nueva y fresca unción, este seria el precio que se debía pagar para acabar con los tormentos y tropiezos del pasado.

CUARTO, así como David nosotros debemos acreditar el fruto de la paciencia y saber esperar el tiempo de Dios para nuestras vidas el cual es perfecto; el llamado para servir no consiste en correr, desesperarse, angustiarse, sofocarse, matar, arrancar, arrebatar, maltratar o pisotear a nadie para recibir el cumplimiento de las promesas. Quienes así actúan por seguro van desviados y por mal camino; por favor mantengan su distancia de aquellos líderes que van actuando como gallinas sin cabeza.

Desafortunadamente todo esto es lo que a menudo se ve en muchas iglesias y sus líderes charlatanes, estafadores y criminales que roban a sus anchas. Esperar en el oportuno socorro y activar la revelación de la nueva unción es la acción de saber esperar, confiar y descansar en la voluntad de Dios; es conocer que la victoria final ya esta presente aunque esta no se vea, saber esperar es parte primordial del proceso del asenso.

El libro de Génesis lo encontramos en el libro de Apocalipsis y vise versa, pero "La Paciencia" se encuentra en todos los libros que están en medio de estos dos. Desde el Génesis El Señor Jesucristo ya se había revelado pero el pacientemente espero el tiempo perfecto de su primera venida para cumplir con la profecía de un tiempo y así dar comienzo a otro tiempo, que es el de su segunda venida, el cual es el tiempo que todos los santos esperan pues representa nuestra próxima promoción, pero antes de que esto suceda necesitamos pagar el precio o mejor dicho tenemos que ser probados, pasar los exámenes y pruebas como lo hizo David, esto demostrara lo que realmente hay dentro de nosotros y de lo que realmente estamos hechos.

¿Que clase de jugo producen nuestros frutos?
¿Qué clase de frutos hemos producido?
¿De qué semilla hemos sido realmente formados?

David era cada día bombardeado por las pruebas, el hambre, sed, escasez, enemigos, angustias, dudas y desesperaciones los cuales eran el resultado de su incapacidad de no poder enfrentar a su adversario; pues no era el tiempo de actuar, matar, defender y pelear; David entendió que esta batalla y promoción solo se ganaría esperando, confiando en la certeza de que Jehová Dios pelearía por el y que su salvación y socorro venían de arriba y No por su propia fuerza, destreza, habilidad, capacidad e inteligencia.

David llego a entender que Saúl no era su enemigo, que Saúl con sus hechos se había declarado en enemigo de Dios, que sus días estaban contados y que él estaba usurpando un trono o posición que no le pertenecía, que su tiempo era muy corto comparado con el tiempo de bendición y prosperidad que venían a la vida de David y de los miles que serian beneficiados en el reino; el entendió el privilegio de haber sido seleccionado para este examen y prueba que venían con promoción a una posición muy privilegiada.

La sabiduría de Dios, su voluntad y promesas siempre encontrara resistencia entre su mismo pueblo escogido. Sadrac, Mesac, Abednego y el profeta Daniel fueron silenciados por su propio rey, su consejo fue nulo e ignorado; nada pudieron hacer para evitar la desgracia y catástrofe que agobio a su nación por el rey invasor de Nabucodonosor.

Muchos siervos de Dios en estos tiempos son marginados, su sabiduría pisoteada y ridiculizada por no estar sujetos a los valores comerciales y populares que se manejan en los centros comerciales de la fe llamados iglesias de Dios o mega ministerios, que tienen como meta principal la zalamería, el entretenimiento y el comercio de la fe pues eso es lo que mas le agrada a la mayoría que paga por estos eventos de promesas y profecías falsas.

Pero la gloria de Dios es manifiesta en todo tiempo con sus fieles y con los que en El saben esperar, pues un rey pagano como Nabucodonosor y un gobierno con valores corruptos como Babilonia fue lo que Dios uso para promover a Daniel, Sadrac, Mesac y Abednego; aunque los ungidos torcidos interpongan obstáculos y adversidades nada ni nadie detendrá el favor de Dios sobre sus fieles y amados en cualquier tiempo o lugar.

El profeta Elías tuvo que escapar por su vida, la persecución en su contra vino por parte de un gobierno corrupto manejado e influenciado por una mujer llamada Jezabel como la cual hay muchas mujeres hoy en estos día; Elías logro correr y salvarse de ser decapitado pero quien no logro librarse fue Juan el Bautista, su cabeza fue demandada por ese espíritu demoniaco de Jezabel en Salome quien en con una danza logro cazar el alma de Herodes Antipas gobernador de Galilea.

Otro ejemplo de poderes perversos son las instituciones con jerarquías y privilegios como el sanedrín el cual fue la punta de lanza que Jesucristo y sus discípulos tuvieron que enfrentar para poder discipular en aquellos tiempos.

¿Quiénes han sido en su vida o ministerio esa punta de lanza?

El ser pastor no es un llamado fácil, no es un llamado a riquezas, fortuna, fama y comodidad, pero es más bien buscar, encontrar y disciplinar en nosotros un corazón sacerdotal que primeramente pueda interceder por todos aquellos que amamos dentro del circulo familiar y segundo por todos los demás que nos persiguen con maldad.

El mundo esta lleno de odio, rencor, iras, contiendas, maldades, impurezas y blasfemias, todos estos jamás podrán entender y creer en el mensaje de salvación sino hay quien lo anuncie con palabras acompañadas de hechos, pruebas de fe, amor, perdón sincero y verdadero.

Es mi más sincero deseo que muchos puedan ser bendecidos por este mensaje, principalmente sus familias. Que esta lectura les facilite identificar a pastores y líderes capacitados que genuinamente se interesen por la formación y educación del pueblo de Dios.

Este libro no debe de ninguna manera considerarse anticristiano o antievangelio, es más bien por un evangelio de calidad y de principios Cristo céntricos; esto es a demás una advertencia que debe considerarse muy seriamente, pues a lo largo de la historia en todo lugar donde la luz deja de brillar Satanás a utilizado el poder de los gobiernos para intervenir, regular, controlar y manipular La Fe, iniciando así la persecución y exterminación de lo santo, sagrado y de buen nombre.

La persecución de los santos ha sido extensa a lo largo de la historia pero la que se acerca será la primera a nivel mundial como nunca nadie antes jamás ha visto, pues nunca antes se había propiciado tanta tecnología para hacer de esto un hecho tangible y alcanzable. Lo que se acerca es innegable y necesario, pero en esta lectura usted encontrara la inspiración necesaria para retomar su fe, su confianza en las sagradas escrituras y la fuerza espiritual para enfrentar las adversidades que vendrán y que al mundo entero sacudirán.

El ataque fuerte que la iglesia sufre actualmente viene principalmente a través de los gobiernos corporativos religiosos que han venido a industrializar la fe; todo esto a su vez, provoca y resurge en ministerios independientes que se inician con buenas intenciones pero que fallan pues son vencidos por la avaricia y la falta de preparación.

No es mi intención ofender a nadie, tampoco menospreciar los esfuerzos sinceros que muchos desempeñan, pero sino advertimos y actuamos seremos culpables de no hacer las buenas obras a las que hemos sido llamados a hacer, Efesios 2:10 y Santiago 2:14-16.

Este es un reporte general de las fallas ministeriales actuales y aquí es donde queremos educar, preparar e informar al lector para que no desmaye en su fe, que si se ha sentido solo, abandonado, perseguido, ultrajado, estafado, marginado y atropellado por falsos pastores y falsos profetas usted No esta solo, usted tiene AL PADRE, AL HIJO y a El ESPIRITU SANTO de su lado para sanarle, restaurarle y promoverlo a muy ricas y abundantes bendiciones si tan solo se da al proceso de sanar, perdonar, avanzar en su crecimiento y madures espiritual.

Perdonar y amar no significa volver a confiar con inocencia en aquellos que han caído y van en oposición defraudando a El Espíritu Santo.

Ruego utilizar esta información para exigir e implementar cambios que estructuren mejor las prioridades aquí mencionadas, estas traerán grandes bendiciones y beneficios a sus vidas personales, familiares, sociales y espirituales.

1 Samuel 2:23. Y les dijo: ¿Por qué hacéis cosas semejantes? Porque yo oigo de todo este pueblo vuestros malos procederes. 24. No, hijos míos, porque no es buena fama la que yo oigo; pues hacéis pecar al pueblo de Jehová. 25. Si pecare el hombre contra el hombre, los jueces le juzgarán; mas si alguno pecare contra Jehová, ¿quién rogará por él? Pero ellos no oyeron la voz de su padre, porque Jehová había resuelto hacerlos morir.

Mateo 25:30. Y al siervo inútil echadle en las tinieblas de afuera; allí será el lloro y el crujir de dientes. 31. Cuando el Hijo del Hombre venga en su gloria, y todos los santos ángeles con él, entonces se sentará en su trono de gloria, 32. y serán reunidas delante de él todas las naciones; y apartará los unos de los otros, como aparta el pastor las ovejas de los cabritos. 33. Y pondrá las ovejas a su derecha, y los cabritos a su izquierda. 34. Entonces el Rey dirá a los de su derecha: Venid, benditos de mi Padre, heredad el reino preparado para vosotros desde la fundación del mundo.

CAPITULO 2

EL ANTICRISTO

El enemigo tiene muchas experiencias y gran historial de batallas, él ha peleado por milenios contra ángeles, patriarcas, reyes, profetas, pastores y diferentes siervos de Dios; este ha sabido dirigir ataques ofensivos y destructivos alcanzando muchos objetivos.

Él conoce el terreno de guerra y sabe calcular las variantes, sabe cuándo retroceder y cuándo avanzar. El conoce lo que guardas en secreto, lo que murmuras al oído, todas tus expresiones corporales y faciales, el entiende todos los idiomas y antiguas lenguas de la tierra.

Él tiene a su mando un gran número de legiones, que compiten agresivamente entre ellos por reconocimiento, rangos y resultados. Este ángel caído fuel el líder de una revuelta en el trono de Dios, se infiltró en el huerto del

Edén donde asedio juntamente con la muerte y el destructor sembrando la rebeldía.

Este perverso provocó el diluvio universal a través de pensamientos corruptos y constante maldad en la humanidad.

El templo santo que Israel consagro a Dios fue contaminado con presencia idolatra, hechicerías y abundantes maldades que culminaron con la destrucción de ese templo seguido por el destierro y cautiverio del pueblo escogido de Dios.

Este enemigo logró subyugar, atacar y manipular a los pastores de las iglesias mencionadas en Apocalipsis capítulos dos y tres, además sigue el día de hoy operando ese yugo sobre muchos pastores que corrompen lo sagrado, lo santo, la autoridad de Dios, la unción y el llamado ministerial.

Todas estas descripciones no son para glorificarlo, pero para que todos estén alertas, que conozcan su capacidad y para que en ningún momento bajen la guardia descuidando su salvación y su llamado. Jesucristo le ha vencido y esta victoria puede ser nuestra si renunciamos a la soberbia, vanidades y ego que nos separan de la voluntad perfecta de Dios.

Miqueas capitulo tres, en el verso uno se dirige a los príncipes que hoy en día son los dueños de empresas y corporaciones que explotan al pueblo exigiendo mucho y pagando muy poco; en el verso cinco Dios reprende a los profetas que hoy en día son todos aquellos guías y lideres espirituales que vienen a reclamar, quitar y arrebatar en el nombre de Dios lo poco que le queda al pueblo; el verso diez específicamente declara que Sión y Jerusalén estaban siendo construidas con sangre e injusticias, todo lo que hoy en día es similar a la manera con que se construyen los ministerios que muchos supuestos lideres edifican para su propia honra y gloria.

Luego sigue con los jueces o los jefes que juzgan por cohecho, los sacerdotes, maestros o pastores que enseñan por precio y los profetas que adivinan por dinero y que aun hacen alarde diciendo:
¿No está Jehová entre nosotros?
Muchas son las motivaciones falsas que colocan a las personas en la posición de querer ocupar el puesto de pastor cuando aun no están preparados y autorizados para

ejercer este ministerio. Un gran numero de personas están en buscan de una audiencia, un escenario, un negocio, una oficina, una forma de vivir, sin percatarse de que no hay nada más deleitoso y apetitoso para Satanás que un farsante, mentiroso y pretencioso que se dice ser pastor del pueblo de Dios y no ha sido llamado, autorizado, ni revestido para ese cargo.

Es un desvarío, extravío y perversión de parte de los caídos y rebeldes acusar a los santos y fieles de perversos, legalistas y rebeldes por oponerse a los sistemas corruptos dentro de la casa de Dios; pero a todos estos les queda poco tiempo, Satanás pronto será encarcelado por un tiempo de mil años en los cuales Jesucristo y sus fieles reinarán sobre la tierra. Este enemigo saldrá de su prisión para declarar su última confrontación y así confirmar toda la palabra profética en donde él y todos los rebeldes que no se arrepintieron serán condenados y atormentados por la eternidad Apocalipsis 20:1-4 y 7-10, pero mientras esto llega a suceder, él ha declarado la guerra contra los pastores, los líderes y el pueblo de Dios.

Apocalipsis 12:11 Y ellos le han vencido por medio de la sangre del Cordero y de la palabra del testimonio de ellos, y menospreciaron sus vidas hasta la muerte. 12 Por lo cual alegraos, cielos, y los que moráis en ellos. ¡Ay de los moradores de la tierra y del mar! porque el diablo ha descendido a vosotros con gran ira, sabiendo que tiene poco tiempo. 12:17 Entonces el dragón se llenó de ira contra la mujer; y se fue a hacer guerra contra el resto de la descendencia de ella, los que guardan los mandamientos de Dios y tienen el testimonio de Jesucristo.

En el mundo babilónico el anticristo ha sabido adoptar la forma necesaria y la que tenga más demanda, todo esto es para tener a las personas atormentadas; en el mundo religioso operan muchos intereses babilónicos que encontraremos adentro de muchas iglesias cristianas evangélicas que han caído en las corrientes de aguas negras y putrefactas de falsas doctrinas, falsos cristos, falsas profecías que dan falsas esperanzas y falsas fuerzas en los diferentes medios de comunicación, entre ellos la radio, televisión y redes sociales.

El anticristo dentro de las iglesias cristianas evangélicas se ha infiltrado de manera absurda y arrogante, dejando muy claramente las evidencias de muchos cristos falsos con reflejos y características de un Cristo verdadero pero percibidas e idolatradas con tintes paganos sin necesidad de imágenes como en la iglesia católica, aquí y ahora se veneran ideologías las cuales distraen a las personas y las previenen de tener un encuentro genuino con El Cristo Verdadero, siendo ésta la principal razón por la que muchos sufren las consecuencias de tormentos espirituales, físicos y mentales afectando así relaciones matrimoniales, familiares, sociales y generacionales.

Muchas son las razones para todos estos tormentos descritos en la Biblia, pero en resumen todo es por la falta de sinceridad y de verdad en las personas, pues al arrepentirse ellos creen que pueden engañar a Dios confesando, diciendo y declarando con su boca lo que está muy lejos de su corazón, pero a Dios nadie le puede engañar y son ellos mismos los engañados y burlados por ellos mismos, Romanos 1:18-32.

Romanos 1:18. Porque la ira de Dios se revela desde el cielo contra toda impiedad e injusticia de los hombres que detienen con injusticia la verdad

Muchos pastores son víctimas de ellos mismos por apartarse de las instrucciones de Dios y que por consecuencia apartan al pueblo llevándolo a adoptar ideas y enseñanzas parciales, teniendo como resultado una fe cuarteada o a medias; los seguidores y discípulos a medias es el resultado de tener pastores a medias, estos están dedicados a medio tiempo, medio consagrados, medio preparados y medio comprometidos, Isaías 29:9-14 Mateo 15:7-9 y 1Corintios 5:6-7 y 9:16-27.

Los ángeles caídos han estado continuamente presentes reclamando su parte en la humanidad. Estos han cohabitado con los hombres reclamando el titulo de dioses, recibiendo pleitesía, adoración y veneración a cambio de todo esto ellos han dejado pruebas irrefutables de caos, muerte y desolacion. Son sanguinarios que prefieren la sangre humana más que la de los animales, pues en la sangre esta la vida que tanto desean tener y que no tienen pues ellos pertenecen al reino de la muerte, tinieblas, infinito vacío y total destrucción.

Su sed de sangre es insaciable por carecer de vida y de un cuerpo propio donde puedan abitar, son espectros que necesitan habitar en las bestias, pero que prefieren poseer el cuerpo físico de los hombres y las mujeres que les invitan a co habitar para destrozar vidas.

Muchos de estos ángeles caídos están susurrando al oído de los pastores, otros ya han sido reclamados y poseídos, muchos pastores ya han sido destruidos por esta prevaricación o perversión de su llamado. Cualquier persona, animal, árbol, planta o ser vivo que tenga una cercanía a ellos vivirá en constante asedio, acoso, tormento y desordenes en su salud física que puede culminar en trastornos mentales, locura, enfermedad mortal y muerte.

a) LOS SENTIDOS NATURALES Y LOS ESPIRITUALES

Los cinco sentidos son los canales primarios de comunicación donde las fuerzas del mal buscaran ganar terreno, primero será distraerlos y apartarlos de toda comunicación divina y cercanía con nuestro padre celestial; el segundo objetivo será saturarlos de toda mundanalidad y carnalidad que traiga placer, satisfacción y contentamiento falso, algo similar al efecto de las drogas en los drogadictos. En la religión los falsos cristos y los falsos dioses cumplen perfectamente ese cometido.

La humanidad en la actualidad a consagrado sus cinco sentidos al entretenimiento y la mayor parte se encuentran inmersos y sumergidos en la distracción; **el sentido auditivo** y de la vista están en constante atracción a disfrutar de diversión en el cine, televisión, teatro, shows y estadios.

La diversión y mata-tiempos ha cautivado y bloqueado completamente los canales de comunicación entre padres e hijos. El uso de los audífonos a todo volumen es un buen ejemplo de cómo estos instrumentos modernos pueden ubicar a cada miembro de la familia en una frecuencia diferente. Serios accidentes y muertes han ocurrido por este tipo de distracción, muchos llegan a morir sin saber que tenían sentidos espirituales que nunca usaron.

Esta analogía simplifica la presente condición del liderazgo cristiano actual donde muchas iglesias han adoptado "El Ministerio del Entretenimiento, Diversión y Distracción" mas que el de hacer discípulos leales y verdaderos, trayendo como consecuencia atrofias y muerte de los sentidos espirituales.

En lo que respecta al cuerpo físico, lo que no se usa pierde fuerza y función, si alguien deja de usar una parte de su cuerpo esta parte se puede atrofiar y morir; así mismo sucede en lo espiritual, cuando no se ejercitan y se activan los poderes concedidos por la fe estos se debilitaran, se pueden llegar a atrofiar hasta el punto de quedar completamente inactivos, afectando no solamente el tiempo presente del individuo sino también el tiempo futuro, esto es su destino físico y su propósito espiritual. A pesar de todo esto el poder redentor, misericordioso y restaurador de Dios puede hacerse presente para sanar y vivificar nuestros sentidos espirituales si tan solo nos acercamos con confianza al oportuno socorro, Hebreos 4:14-16.

Isaías 1: 16. Lavaos y limpiaos; quitad la iniquidad de vuestras obras de delante de mis ojos; dejad de hacer lo malo; 17. Aprended a hacer el bien; buscad el juicio, restituid al agraviado, haced justicia al huérfano, amparad a la viuda. 18. Venid luego, dice Jehová, y estemos a cuenta: si vuestros pecados fueren como la grana, como la nieve serán emblanquecidos; si fueren rojos como el carmesí, vendrán a ser como blanca lana. 19. Si quisiereis y oyereis, comeréis el bien de la tierra; 20. si no quisiereis y fuereis rebeldes, seréis consumidos a espada; porque la boca de Jehová lo ha dicho.

El oír, ver, gustar, oler y tocar son los sentidos que nos permiten disfrutar, aprender y entender de cinco maneras diferentes lo mismo; así mismo y de esa manera nuestros sentidos espirituales cien por ciento activos nos permiten experimentar, descubrir y entender ampliamente la voluntad de Dios en nuestras vidas, siendo todo esto una vida plena que nos posiciona a recibir, oír, ver y gustar de muchas grandes y maravillosas bendiciones, Efesios 3:8-21.

¿Cómo sería si hubiéramos nacido solo con el sentido del tacto? y que en una mañana cualquiera teniendo hambre no pudiéramos, ver, gustar, saborear, oír, ni oler el desayuno que nos estuvieran preparando y que lo único que pudiéramos percibir sería el que alguien ponga la comida en nuestra boca y que luego nos hicieran tocar el plato para nosotros saber que se trata de comer y que la comida esta frente a nosotros, para que sigamos comiendo por si solos. Si solo pudiéramos tocar la comida y no pudiéramos usar nuestros otros sentidos nuestro aprecio, entendimiento y gusto por ese desayuno sería muy limitado.
Nuestro entendimiento y gusto estaría limitado a conocer solo la temperatura de la comida, si esta tibia, fría, caliente y nada mas.

El disfrutar del proceso de oír los ingredientes siendo cortados y puestos en la sartén, oler los diferentes aromas y condimentos, ver y apreciarlo con los ojos y gustar con el paladar el resultado final de un omelett con su tomate, chile verde, cebolla, champiñones, queso derretido, pimienta, salsa de tomate y picante al gusto. Sus papas salteadas y doradas al lado con un jugo de naranja recién extraído y un café recién hecho. ¡Que Delicia!

La abundancia de todos esos detalles en el desayuno, hacen y convierten a esta experiencia en una gran bendición y aun mucho más si a todo esto le agregamos un comedor que abunda de adornos, muebles finos, vasija especial, manteles, servilletas, rosas frescas cortadas del jardín y toda la atención al detalle que reflejan paz, tranquilidad, amabilidad, cordialidad entre una charla amena con las personas más significantes de nuestro diario vivir. No nos queda más que dar gracias a Dios, glorificar su nombre y bendecir a todos los presentes, esto es lo más natural e irresistible en un momento de esos.

Si todo esto es posible y memorable en nuestros sentidos limitados y terrenales cuanto mucho más grande y sublime es lo que Dios hace y tiene disponible para todos los que quieren y desean activar sus sentidos espirituales y de fe.

Muchas veces no valoramos lo que tenemos hasta el día que lo perdemos y nos cuesta mucho esfuerzo valorar lo que desconocemos pues no lo entendemos, solo el proceso de sanidad y restauración de los sentidos espirituales atrofiados nos permitirá vivir una vida plena tal como Dios lo ha intencionado para cada uno de todos nosotros.

b) IDOLATRÍA EN LA CASA DE DIOS

Toda clase de idolatría es pecado, por consiguiente el acercarse a Cristo y a Dios con una actitud idolatra es pecado y esto es totalmente rechazado por Dios. A ninguna persona le interesa tener hijos, pareja, amistades y familiares que se acerquen solo por interés, todos queremos sinceridad, honestidad y reciprocidad en nuestra relación con otras personas; entonces por que creer o pensar que a nuestro Padre Celestial le interesa una comunión falsa con hijos falsos e idolatras.

Éxodo 20:3. No tendrás dioses ajenos delante de mí. 4. No te harás imagen, ni ninguna semejanza de lo que esté arriba en el cielo, ni abajo en la tierra, ni en las aguas debajo de la tierra. 5. No te inclinarás a ellas, ni las honrarás; porque yo soy Jehová tu Dios, fuerte, celoso, que visito la maldad de los padres sobre los hijos hasta la tercera y cuarta generación de los que me aborrecen, 6. y hago misericordia a millares, a los que me aman y guardan mis mandamientos.

Idolatría es básicamente cerrar y no utilizar los sentidos espirituales otorgados por Dios para recibir y aprender de su sabiduría que tiene como propósito instruirnos y comunicarnos su voluntad perfecta, Romanos 12:1-2. Es parecido al tener pies y no querer caminar, tener manos y no querer trabajar, el idolatra refleja a través de la idolatría sus incapacidades espirituales. Idolatría es declararnos incapaces cuando hemos sido creados capaces y con todas las facultades para conocer a Dios en su plenitud, es sufrir de desnutrición espiritual solo porque si, idolatría es un tipo de anorexia espiritual, es querer ser vistos con agrado y ser aceptados por los demás que actúan y piensan de igual manera cuando en realidad no es aceptado ni aprobado por Dios, pues esta basado en fingimientos y apariencias de una vida espiritual donde el centro verdadero no lo es Dios el creador, sino otras entidades espirituales que fueron creadas, Éxodo 20:1-6

La iglesia cristiana evangélica ha protestado por la idolatría y abundancia de ídolos en la iglesia católica sin percatarse de todos los ídolos creados y venerados por esta misma; como ejemplo lo son la idolatría a las posesiones materiales, los templos, edificios, casas, ropas, marcas, joyas, etc. Idolatría al trabajo, a posiciones, títulos, jerarquías; idolatría hacia los hombres como puede ser El Papa mayor y sus papitas los pastores que le besan el anillo, cantantes, profetas, predicadores, políticos, esposo, esposa, hijos, padre, madre, amigos, mascotas, etc. Idolatría a una persona aquí se le llama a toda relación, veneración y respeto que alguien le tenga a otra persona u objeto por encima del respeto y lealtad que se le debe tener a Dios, a su palabra y que esto afecte negativamente la salvación, la unción y el llamado ministerial verdadero de Dios que no se debe confundir con el llamado a puestos y a títulos ministeriales para satisfacer intereses personales de los hombres carnales que exaltan la idolatría, rebeldía y hechicería, que son sistemas corruptos y torcidos organizados por las corporaciones religiosas que incluyen radio, televisión y que están dedicadas a evangelizar con falsas enseñanzas y doctrinas con el objetivo principal de ejercer un encantamiento manipulador para enriquecerse y enaltecerse sobre los demás.

Si usted ha visto y sabe de alguna otra forma de idolatría en el templo por favor compartir para incluir en la próxima edición gracias.

Creer en el Cristo milagroso y acercarnos a El solo cuando necesitamos o esperamos milagros es otro tipo de idolatría, y es la misma que se ejercita cuando una persona venera cualquier otra imagen en busca de un milagro. Esta actitud prefiere ignorar todas las atribuciones y maravillas que

Jesucristo representa para concentrarse en una sola: "dame esto, dame aquello, dame de lo otro por que lo quiero, lo necesito y porque tu puedes dármelo".

Esta actitud convenenciera de buscar retribuciones a corto plazo bloquea e impide que desarrollemos una amplia relación y cercana con el reino de Dios, también limita los múltiples beneficios a los que tenemos derecho como ciudadanos legítimos de El Reino de Dios.

Todas las personas como criaturas nacen con beneficios y derechos, pero muchos de estos milagros o beneficios dejan de funcionar por causa del pecado, esto es lo que trae dolor y conciencia del significante valor que un milagro tiene en la vida diaria de cualquier persona.

Jesucristo reclamó a los escribas y fariseos por esta actitud de pedir milagros, prodigios o señales del cielo y les advirtió que la única señal que podrían recibir seria una señal de juicio, descrito en Mateo 16:1-4. Otra advertencia esta en Marcos 13:21-22 y Mateo 24:24 donde él declara la capacidad de los falsos cristos y falsos profetas de hacer prodigios y milagros con la única intención de engañar, distraer y apartarnos de la verdadera Fe en El, la cual debe ser total, completa y sin limitaciones.

No permitamos que las diferentes estructuras de gobiernos religiosos, denominacionales y de sectas controlen, dominen y esclavicen nuestra Fe en Dios, pues lo único que persiguen es saciar su avaricia y ambición de lideres torcidos.

Muchos y todos los grupos violentos, guerreros y sanguinarios han simpatizado con la conveniencia de creer en un Cristo revolucionario, simplemente porque esa "fe" los alienta en su lucha; la iglesia católica romana dejo muy claro en la historia lo que esa ideología represento en Las Cruzadas, La Santa Inquisición y la evangelización forzada de los nativos en América en el nombre de ese cristo falso. Este mismo Cristo falso es y ha sido el centro de ideales supremacistas adoptado por el kukusklan, los nazis, el imperialismo y el capitalismo.

Otro cristo falso es el que es representado por los idolatras, hechiceros, brujos, adivinos, chamanes, en la santería y la veneración a la santa muerte; ellos usan la imagen y el nombre de Cristo para dar la apariencia de ser benignos, muchos de estos santeros, brujos y adivinos se han infiltrado en las iglesias proclamándose arrepentidos y salvos pero solo han llegado para torcer, engañar, robar, traer muerte y pestilencia dentro de los ministerios.

Otro Cristo a medias es aquel que es predicado y buscado para alcanzar la prosperidad financiera, el enfoque está en todas las bendiciones materiales que de Dios se puedan alcanzar, el principal requisito es sembrar semillas (ofrendas y sacrificios financieros) para tener una gran cosecha, este Cristo falso es y ha sido promovido principalmente por grupos sin escrúpulos que solo buscan enriquecerse y mega-construirse nombres para la gloria de ellos mismos.

La contraparte de este Cristo es otro grupo de personas que creen que es solo a través de la pobreza, miseria, pena, dolor, sufrimiento y quebrantos es que se debe vivir la fe, su enfoque está en la idolatría de un Cristo crucificado, el cual invita a la mortificación y ha aceptar una vida de desgracias y calamidades como el único proceso de salvación.

El Cristo de los intelectuales es aquella idolatría basada en buscar enigmas y secretos solo para satisfacer el conocimiento e intelecto sin adoptar disciplina y sometimiento de los deseos carnales.

El Cristo de la farándula cristiana es muy popular entre los que solo buscan entretenimiento sano. El enfoque esta mayormente en la música, la danza, saltar y disfrutar de los conciertos, los dramas, los shows y eventos de magnitud tipo Hollywood donde corre la buena vibra de los cristianos, buena onda y hasta allí nada más. Esta corriente entro principalmente a través de los músicos y cantantes retirados de la farándula popular que con la experiencia del mundo lograron encontrar un nuevo mercado para sus ventas en las iglesias cristianas. Muchos adoradores se adaptaron a estas nuevas exigencias del público en general solo por que gusta y es popular. Por supuesto siempre hay quienes son la excepción y gloria a Dios por aquellos que de una manera singular han sabido mantener la unción de Dios. Los adoradores que no están interesados en la popularidad y entrar en estas corrientes comerciales quedan marginados por estos sistemas.

El entretenimiento fue y ha sido uno de los más grandes éxitos de distracción que han sido utilizados desde los tiempos de la salida de Egipto. Entretenimiento fue lo que demando la multitud cuando salió de la esclavitud para embelesar los sentidos y desenfrenarse con el becerro de oro en el monte Sinaí, en la montaña donde Dios quería comunicar su voluntad e instrucciones, lo que tuvo como resultado final el juicio de tres mil perversos, Éxodo 32.

Hay un Cristo fariseo muy popular y peligroso en muchas iglesias cristianas, sus seguidores buscan pecado en todo, a ellos les gusta tener nuevos adeptos solo para imponerles cargas, restricciones y leyes que destruyen sin resultados de edificación, siendo su principal orientación condenar, juzgar y criticar de manera destructiva. Estos saben poner tropiezos y obstáculos que hacen realmente imposible la salvación y la reconciliación entre los más necesitados; el juicio y la condenación son lo que más predican, sus hogares están llenos de divisiones, contrariedades, pleitos y divorcios; sus hijos crecen detestando todo lo que tiene que ver con Dios y la iglesia, estos jóvenes terminan refugiándose en la incredulidad, creciendo llenos de temores, cohibidos, reprimidos o siendo legalistas y fariseos de la fe.

Existe otra fuerte corriente y es aquella que encamina a las personas a creer en un Cristo místico el cual se revela de forma inusual, este grupo de personas creen en las apariciones de Cristo y de otras figuras religiosas en todas partes; ejemplo en las nubes, en las piedras, ventanas, en el pan, en los árboles y otros más. Jesucristo mismo dejo una advertencia muy clara al respecto de estas débiles tendencias que desvían y entretienen en abismos intransigentes.

Mateo 24:23. Entonces, si alguno os dijere: Mirad, aquí está el Cristo, o mirad, allí está, no lo creáis. 24. Porque se levantarán falsos Cristos, y falsos profetas, y harán grandes señales y prodigios, de tal manera que engañarán, si fuere posible, aun a los escogidos. 25. Ya os lo he dicho antes. 26. Así que, si os dijeren: Mirad, está en el desierto, no salgáis; o mirad, está en los aposentos, no lo creáis. 27. Porque como el relámpago que sale del oriente y se muestra hasta el occidente, así será también la venida del Hijo del Hombre.

Todo lo anterior representa algunos de los múltiples ejemplos de lo que realmente es la abundancia de muchos cristos falsos que funcionan como anticristos dentro de las iglesias y diferentes grupos religiosos en donde encontramos también aquellos que se adaptan a la demanda de los homosexuales, drogadictos y la Jezabel moderna que se autonombra "Devora" que promueve la rebeldía e independencia femenina en el nombre de este Cristo falso, ellas son solteras, divorciadas, separadas, que se vuelven a casar una y cuantas veces sea necesario; lo importante para ellas es ejercer dominio sobre el varón y la congregación. Esta es la apostasía moderna, esta es la mujer pecaminosa, que lleva a la perdición y que se para en el altar de muchas iglesias enterrándolas vivas en la abominación desoladora; todos estos son cerdos insaciables que desde los altares destruyen lo bueno, corrompen lo santo, lo sagrado, consumen finanzas, roban prosperidad al pueblo de Dios y traen juicio a las familias que se congregan en estas sinagogas de satanás.

2 Tesalonicenses 2:3 Nadie os engañe en ninguna manera; porque no vendrá sin que antes venga la apostasía, y se manifieste el hombre de pecado, el hijo de perdición, 4 el cual se opone y se levanta contra todo lo que se llama Dios o es objeto de culto; tanto que se sienta en el templo de Dios como Dios, haciéndose pasar por Dios. 7 Porque ya está en acción el misterio de la iniquidad; sólo que hay quien al presente lo detiene, hasta que él a su vez sea quitado de en medio. 8 Y entonces se manifestará aquel inicuo, a quien el Señor matará con el espíritu de su boca, y destruirá con el resplandor de su venida; 9 Inicuo cuyo advenimiento es por obra de Satanás, con gran poder y señales y prodigios mentirosos, 10 y con todo engaño de iniquidad para los que se pierden, por cuanto no recibieron el amor de la verdad para ser salvos. 11 Por esto Dios les envía un poder engañoso, para que crean la mentira, 12 a fin de que sean condenados todos los que no creyeron a la verdad, sino que se complacieron en la injusticia.

Caminar con Cristo será siempre viendo hacia el frente con la cabeza en dirección a Cristo, hacia arriba y con los pies bien puestos en el fundamento eterno; los resultados serán rectos, óptimos y de bendición espiritual, física y material.

Caminar con anticristos traerá resultados contrarios, repetitivos o viciados; serán de confusión y frustración, el enemigo siempre estará con más ventaja sobre las personas que caminan con los pies para arriba y que son guiados a ir rápido en todas direcciones, ellos quieren ir hacia delante usando su propia cabeza.

Avanzar con inteligencia, astucia y sagacidad propia no es lo mismo que caminar con la sabiduría y dirección del Espíritu Santo.

La única manera de erradicar todas estas creencias y tradiciones torcidas es a través de un discipulado genuino y completo que este purificado por el poder de Dios y Su Palabra Santa.

El evangelismo a las multitudes sin la creación y formación de discípulos auténticos ha formado una generación cristiana llena de confusión, desorden y caos espiritual.

Esto sucede principalmente entre los pastores sin capacitación y formación que declarándose guías de una congregación realmente no lo son.

Estos se ven limitados a la rutina atontadora que viene siendo el grave extremo de desdichas y el descarrilamiento por las ambiciones sin frenos.

Estos son incapaces de hacer lo correcto solo hacen ruido monótono, siguiendo manuales y el consejo de otros igual que ellos, los manuales y consejos no son mas importantes que el tener un oído entrenado a seguir las instrucciones de El Espíritu Santo.

No hay duda de que muchas personas siempre escogerán lo que mejor les parezca cerrando y cauterizando sus sentidos espirituales, pero seguramente dentro de todos estos grupos también habrá personas que quieren conocer a Jesucristo en toda su gloria y esplendor. Es imprescindible que las oportunidades y recursos estén disponibles para todos aquellos que quieran avanzar y continuar en su crecimiento y formación espiritual, especialmente los niños y los jóvenes que desde temprana edad muestran un genuino interés por buscar a Dios.

Un discípulo formado, capacitado, enseñado y entrenado entiende, conoce claramente todas las atribuciones divinas y humanas de Cristo; además está en camino para poder enseñar a otros cuando culmine su preparación, por lo tanto, todo pastor está en la obligación de educar, instruir y ejercitar la disciplina que saque a las personas de una sola comprensión, enfoque y característica de Cristo.

El discipulado como Jesucristo lo mando es capacitar, delegar y enviarlos a que repitan sin adulterar el mismo orden.

El discipulado falso que se desarrolla en muchas iglesias esta centralizado en robar, manipular, usar, abusar, demandar, esclavizar, explotar y repetir todos esos formatos en todos los pueblos y naciones.

Lamentablemente muchos pastores no tienen la capacidad, el tiempo, ni los programas de discipulado genuino y completo, les incomoda que alguien quiera aprender más de lo que ellos pueden ofrecer, pues no están preparados ni capacitados para dar y enseñar.

La mayoría de los pastores (no todos) han sido preparados y formados bajo un mismo formato que es el de PEDIR, lo único que pueden dar es una experiencia limitada y en otras ocasiones es una experiencia limitada y fingida.

La primera opción que un pastor tiene hoy en día para prepararse y formase en este llamado esta muy limitada en recursos por parte de los actuales ministerios.

Recursos han sido creados por las miles de contribuciones dadas por los miembros de estos ministerios pero por ser monopolizados para fines lucrativos estos recursos solo están disponibles para quienes pueden pagar por algo que debería ser esencialmente gratuito.

Este monopolio es el principal causante de que muchos escojan "el autonombramiento", "la auto declaración" y "el ir al puro aventón", pero con mucha fe.

Estos pastores se inician creyendo que con "mucha oración y consagración" podrán hacerles frente a todas las batallas espirituales pero no es suficiente cuando se tiene que navegar entre multitud de caracteres, personalidades, egos e influencias demoníacas. Jesucristo los envío de dos en dos, en un ejército nunca se envía a un soldado solo al frente de batalla.

Muchos pastores que se inician solos creen que su pareja, amistades y familia podrán ser de apoyo y si lo serán pero nunca como debe de ser, este apoyo será similar al que un soldado este al frente de batalla y tenga a su esposa, familiar y amistad a su lado, pronto se darán cuenta que ellos no son lo que realmente son necesarios para combatir las legiones infernales.

Los mas aplicados y disciplinados se inician en la práctica donde al mismo tiempo se van auto-educando con los recursos que encuentran, lo más difícil de este proceso, es filtrar y desechar muchas corrientes torcidas; corrientes en las cuales muchos caen sin previo aviso y de esa forma terminan arrastrados por corrientes venenosas y putrefactas, mas confundidos y desubicados sin entender como responder y estar firmes ante los ataques del enemigo.

La educación, formación y experiencia de los veteranos de guerra siempre serán vitales para alcanzar mejor y mayores resultados en nuestra carrera o llamado a la milicia celestial.

No es necesario que muchos caigan incapacitados, burlados y aprisionados en trampas del enemigo por falta de recursos y formación.

La segunda opción, es aquella donde una familia apoya con recursos a un miembro de su familia para cubrir los gastos necesarios y así ayudar en su formación junto con algunas becas. Algunos logran con mucho esfuerzo concluir su preparación pero también abundan los que no concluyen, motivados por el deseo de servir a Dios se impulsan y atreven a formar sus propios grupos para empezar sus propias iglesias de manera independiente con el objetivo de poder pedir ofrendas, diezmos y hacer ventas que les ayuden financieramente.

La tercera opción que es la ideal y es la bíblica, consiste en tener acceso a un ministerio y a un pastor que tenga todos los recursos para discipular, enseñar y capacitar sin ningún interés de lucro, cumpliendo así con el mandato de hacer discípulos.

Muchos pastores dedican su tiempo a los aspectos comerciales y lucrativos del ministerio pues de allí depende la calidad de vida a la que aspiran vivir.

Los comerciantes de la fe buscan sus beneficios lucrativos para discipular. ¿Por qué y para qué hacerlo sino hay ganancias? ¿Para que invertir tiempo y dinero en el liderazgo ministerial sino podemos lucrar? Este es realmente el principal problema al que todos nos enfrentamos por parte de los detractores que hacen lo que hacen por amor al dinero y a la idolatría de todos los aspectos monetarios, esto es lo que tiene al evangelio en decadencia en el mundo actual y que promueve el ateismo, a ellos les encanta llenar estadios, estar frente a las multitudes en la radio y televisión pero nadie de ellos tiene interés en discipular como Cristo.

La pregunta que todos nos hacemos es ¿donde están estos ministerios y pastores que tienen como misión cumplir con este mandato? ¿Donde se están formando, capacitando y discipulando a los nuevos y verdaderos pastores, profetas, maestros y ministros?

La respuesta es que son muy pocos, no hay los suficientes para la monumental necesidad, los que quedan y no han doblado rodillas ante los Baales sufren persecución, afrenta y necesidades por que no han sido reconocidos por su valor y lealtad.

Lucas 10:2. Y les decía: La mies a la verdad es mucha, mas los obreros pocos; por tanto, rogad al Señor de la mies que envíe obreros a su mies. 3. Id; he aquí yo os envío como corderos en medio de lobos.

Si alguien ha sido herido con ataques mortales contra sus sinceros deseos de servir hoy le digo ¡LEVANTATE! en el nombre que es sobre todo nombre, en el nombre del Santo y Soberano Redentor, Jesucristo es tu sanador y salvador, cobre animo mi hermano usted nunca ha estado solo o sola, nunca fue la voluntad de Nuestro Padre Celestial que usted se enfrentara sin experiencia a todos estos lobos disfrazados de ovejas.

Ruego al Señor por su pronta restauración, fortaleza y fresca unción, especialmente sobre todos aquellos que saben buscar el oportuno socorro, amen.

CAPITULO 3

ESCRIBE A ÉL ÁNGEL DE LA IGLESIA

Apocalipsis 2:1, 8, 12, 18 y 3:1, 7, 14.

Estos versos de la Biblia que se repiten siete veces están dirigidos a todos los pastores y líderes de las iglesias y congregaciones es ideal para todo aquel que cree y que quiere seguir el discipulado de Cristo Jesús. Estos versos son un llamado directo de atención, son una advertencia para todos los que un día aceptaron el llamado pero que han caído, se han desviado o que están en el proceso de comenzar un descarrilamiento de su fe y lealtad al llamado.

Muchos encontraran muy difícil reencaminarse por el buen camino, pues andan como perdidos en un desierto, como en medio de la mar llevados por corrientes sin rumbo fijo. Para todos estos predicadores y pastores torcidos o desviados, Dios les ofrece una esperanza y una sola oportunidad, arrepentimiento antes del juicio.

Muchos han muerto sin arrepentimiento y en el mejor de los casos otros han padecido una muerte lenta con aflicciones y enfermedad que se han convertido en la única manera de rescatar sus almas de eterna condenación.

Todo aquel que puede ver, oír y entender estas advertencias tiene hoy la responsabilidad de hacer accesible este libro, este mensaje a todo pastor y ministro. Todos ustedes que han aconsejado y que muchas veces han callado hoy se pone este recurso ante ustedes para facilitar la responsabilidad de predicar a los predicadores y re evangelizar a los pastores que se han desviado y que como El Rey Saúl quieren morir aferrados al poder sin importar si el pueblo de Dios sufre de hambre espiritual y de aflicciones por los verdugos de la miseria, caos y muerte.

Hoy es cuando debemos exigir y demandar una restructuración, supervisión, intervención y transparencia de los ministerios que dirigen muchos pastores en complicidad con directivas que prefieren estar en silencio antes que denunciar y perder privilegios y prestigio en sus organizaciones.

El mundo brilla con muchas luces falsas deslumbrando y atrayendo a la juventud con todas las distracciones, ruidos y entretenimientos que bloquean sus sentidos espirituales para ver, oír, entender, percibir y comunicarse con su padre celestial. La iglesia no debería rebajarse para competir con el entretenimiento del mundo, ni debería de traer el anatema adentro del santuario solo porque esta en constante demanda y deja buenas ofrendas.

Los pastores y los padres somos los responsables de formar en las nuevas generaciones las capacidades y poderes que les permitirá navegar en estos tiempos todas las tormentas y desafíos cotidianos.

Es hoy y ahora el tiempo de cimentar en nuestros hijos los principios del carácter demostrado por los héroes de la fe para que puedan estar firmes contra todas las asechanzas del enemigo.

Éxodo 1:11. Entonces pusieron sobre ellos comisarios de tributos que los molestasen con sus cargas; y edificaron para Faraón las ciudades de almacenaje, Pitón y Ramesés. 13. Y los egipcios hicieron servir a los hijos de Israel con dureza, 14. y amargaron su vida con dura servidumbre, en hacer barro y ladrillo, y en toda labor del campo y en todo su servicio, al cual los obligaban con rigor. Éxodo 3:7. Dijo luego Jehová: Bien he visto la aflicción de mi pueblo que está en Egipto, y he oído su clamor a causa de sus exactores; pues he conocido sus angustias, 8. y he descendido para librarlos de mano de los egipcios, y sacarlos de aquella tierra a una tierra buena y ancha, a tierra que fluye leche y miel,

a) BABILONIA
EL NUEVO ORDEN MUNDIAL

Los eventos históricos de Egipto y el Éxodo nuevamente se repiten; Egipto fue el tirano de aquel entonces y en el libro de Apocalipsis su nuevo nombre es Babilonia, este es el organismo u orden mundial que ha invadido a las iglesias y que tiene secuestrado al liderazgo del evangelio. Muchos son los pastores que se han vendido por plata y comodidades, ellos siguen hablando y predicando del "evangelio", dicen que es "para salvación de las almas" pero la verdad es que su propósito es anestesiarlas, hipnotizarlas, trasquilarlas, descuartizarlas y devorarlas con formatos industrializados y corporativos.

Muchos de estos supuestos líderes no saben discipular, pues ellos mismos nunca han sido discípulos. Estos negociantes, comerciantes y profesionales de la falsedad han visto en las iglesias y en el pastorado una oportunidad empresarial y comercial, siendo así como se hace visible el anticristo operando a través de estas ideologías en todos los niveles ministeriales y que repiten acciones antiministeriales, antievangélio y anticristo; el evangelio y las iglesias se han convertido en grupos sociales de entretenimiento que adoptan muchas prioridades paganas, como lo son: la estafa, el engaño, la manipulación, conduciendo a las divisiones, tensiones por discriminación, toda clase de ventas que incluyen favores, privilegios, libertinaje ministerial, felicidad y dicha falsa a todos los que pagan por el privilegio de servir en estos altares corruptos.

Cuando los inocentes y los cómplices ya no pueden pagar las cuotas, ofrendas o diezmos exigidos entonces abren los puestos a otro mejor postor o diezmador; promoviendo de esa manera las divisiones de estos grupos en células, campos de oración que buscan luego establecerse como otra iglesia que sigue con los mismos vicios corruptos.

El anticristo exige y aflige al pueblo de Dios con enseñanzas torcidas, egocéntricas e infladas, el enemigo del Evangelio no tiene problema con que haya muchos pastores, siervos de Dios, iglesias y diferentes medios de comunicación como la radio, televisión, y enlaces en el Internet con tal que estos estén funcionando bajo su autoridad y bajo la influencia de Babilonia la gran ramera que da a beber en su cáliz el engaño, que conduce a la idolatría, decepción, desanimo, quebrantamiento, esclavitudes, perdiciones, tormentos, divisiones, confusiones, blasfemias, inmundicias, desolación y muerte.

Los pastores y congregaciones que no se arrepienten y abandonan todas estas prácticas ellos mismos beberán de este cáliz pereciendo en maldición, desanimados, abandonados, olvidados, blasfemando, en locura, cometiendo crímenes de odio y de muerte.
Apocalipsis 18:3-8

Cualquier persona que navegue por el Internet encontrara abundantes casos de esta triste realidad que destruye los hogares de pastores con divorcios y diversos crímenes incluyendo los de muerte; realmente estamos viviendo los últimos tiempos no por lo que pasa en el mundo sino por los horrores que afligen y pasan adentro de las iglesias y sus lideres.

Muchas son las influencias demoníacas dentro de lo que un día se consagro como la casa de Dios y que se extienden a los hogares, centros de trabajo, oficinas de gobierno y ciudades enteras; todas estas son la razón principal de las problemáticas que repercuten en los líderes de las naciones alrededor del mundo.

Los juicios de Dios sobre la tierra son eminentes y la causa principal son las fallas en el liderazgo ministerial. El libro de Apocalipsis es claro en dirigirse y amonestar primeramente a los ángeles caídos que están al frente del liderazgo de las iglesias, al ministerio del pastor que cuida del redil del pueblo de Dios y que es responsable de producir más pastores que sigan los valores disciplinarios delegados por Cristo, 1 Pedro 4:16-18, Jeremías 9 Ezequiel 9, 39:23 Romanos 2.

Cristo viene pronto para liberar a su iglesia, a su pueblo de todas estas aflicciones, sus santos que en él esperan verán su gloria, con señales y prodigios Dios peleará por ellos.

Muchos ministerios han caído y se han apartado del verdadero propósito por el cual fueron establecidos, todos estos necesitan ser revisados en sus bases y raíces; los pastores caídos necesitan arrepentirse y revisar las estructuras equivocas que han adoptado, el ministerio del pastor debe ser RESTAURADO, los modelos corporativos, sociopolíticos, burocráticos y financieros deben ser reemplazados por el modelo de Cristo para que el pueblo de Dios sea reconciliado, sanado y restaurado antes que venga El Gran Día.

¿Si la sal deja de ser salada entonces para qué sirve?
Si la luz deja de brillar, entonces las tinieblas reinaran.
Si el pastor abandona su llamado el pueblo se descarrilara.

Mateo 5:13. Vosotros sois la sal de la tierra; pero si la sal se desvaneciere, ¿con qué será salada? No sirve más para nada, sino para ser echada fuera y hollada por los hombres. 14. Vosotros sois la luz del mundo; una ciudad asentada sobre un monte no se puede esconder. 15. Ni se enciende una luz y se pone debajo de un almud, sino sobre el candelero, y alumbra a todos los que están en casa. 16. Así alumbre vuestra luz delante de los hombres, para que vean vuestras buenas obras, y glorifiquen a vuestro Padre que está en los cielos.

Apocalipsis 1:1. La revelación de Jesucristo, que Dios le dio, para manifestar a sus siervos las cosas que deben suceder pronto; y la declaró enviándola por medio de su ángel a su siervo Juan, 4. Juan, a las siete iglesias que están en Asia: Gracia y paz a vosotros, del que es y que era y que ha de venir, y de los siete espíritus que están delante de su trono;

20. El misterio de las siete estrellas que has visto en mi diestra, y de los siete candeleros de oro: las siete estrellas son los ángeles de las siete iglesias, y los siete candeleros que has visto, son las siete iglesias.

b) LOS CUATRO JINETES

Los verdaderos pastores con el llamado legítimo están en constante amenaza y asedio por parte del enemigo, estos a pesar de sus faltas Dios les extiende su misericordia y el oportuno socorro, brindándoles el perdón y la oportunidad para arrepentirse.

Quienes no se arrepienten son causantes de resultados catastróficos, de heridas profundas y mortales que quedan en el pueblo de Dios y que alcanzan a las próximas generaciones produciendo idolatras y maldicientes de todo lo bueno.

Incredulidad y dureza de corazón son las corazas con que las nuevas generaciones se desplazan alrededor del mundo siendo todo esto lo que desata a los cuatro jinetes del

Apocalipsis a cabalgar por las naciones produciendo los siguientes cuatro resultados, Apocalipsis 6:1-8

1) EL ENGAÑO

La presencia y voz del anticristo dentro de las iglesias y en todos los niveles sociales principalmente los políticos donde muchos se proclama como la única alternativa y solución de todos los males. Este y todos los supuestos salvadores engañan a la humanidad, apelan y se hace popular entre todos los maldicientes que respiran odio y que buscan saciar todas sus ambiciones y lujurias reclamando sangre de los inocentes, estos respiran agresividad, arrogancia, soberbia, insolencia corrupción y muerte, están en todas partes y se mueven como serpientes, son astutos, rápidos y venenosos.

2) GUERRAS

Esta es la voz seductora del anticristo que comanda y promulga divisiones, violencias, venganzas, discriminaciones, odios raciales, rencillas, homicidios, suicidios, matricidios, patricidios, genocidios y exterminio de pueblos enteros. Guerras y conflictos entre las familias y naciones son las saetas que destruyen, matan y dejan por su paso miseria sobre más miseria y dolor que mata el espíritu de los vivos convirtiéndolos en vivos muertos por el galope de las injusticias.

3) EXTREMA POBREZA

Todas estas maldades son las que producen hambre, falta de recursos, penurias y generaciones de huérfanos. Es aquí donde se ve la inmigración forzada que separa y divide núcleos familiares, padres que dejan y abandonan a sus hijos con un familiar por buscar un sustento económico. Niños y jóvenes que se crecen delinquiendo para poder sobre vivir pues espiritualmente quedan huérfanos y abandonados sin el afecto natural paternal, pues sus padres se vieron forzados a emigrar para procurar salir de la miseria y muerte que dejaron las guerras nacionales y las rencillas familiares.

4) PLAGAS

Pestilencias, pandemias y extinción por enfermedades antiguas y otras nunca vistas ni oídas.

Dolores agobiantes, llagas por la piel y muchos trastornos mentales que debilitan y hacen extremamente vulnerables e incapaces a jóvenes, niños y adultos antes de la vejez.

Todo esto no es nada nuevo, está detalladamente registrado en la biblia y documentado en la historia. Si el juicio de Dios fue inminente para todos aquellos que vivieron en otros tiempos entonces podemos entender porque el juicio de Dios es inminente para nuestros tiempos.

Dios en su amor siempre habla y da muchas oportunidades para todos y en todo tiempo, cuando el juicio de Dios llega, no llega sorpresivamente es siempre avisado y advertido, aunque para muchos inadvertido por estar inmersos y absortos en el mundanal ruido.

La magnitud del problema hoy en día es global y este se extiende a todos los continentes y rincones de la tierra lo cual lo hace a su vez un juicio de grandes magnitudes.

Los pastores o líderes están acostumbrados a decirle a las congregaciones que es lo que deben hacer, como lo deben de hacer y porque lo deben de hacer, pero es Jesucristo mismo quien siempre a dado todas estas advertencias a los pastores diciéndoles lo que deben de hacer, como lo deben de hacer y porque lo deben de hacer.

El pueblo de Dios en general tiene hoy la obligación de involucrarse, predicar a sus predicadores y demandar corrección de lo torcido; reafirmar los valores Cristo céntricos, la disciplina y todo lo que significa servir a Dios y no a las necesidades ego personales que están fuera del contexto bíblico.

c) LA CONGREGACIÓN Y LOS DISCIPULOS

En muchas ocasiones el pastor o líder enfoca su mensaje, lectura e interpretación para la congregación en este proceso pasa por alto que en la congregación la mayoría son solamente oyentes sin compromisos y no discípulos, si el pastor no está consciente de esto, entonces surge que el mensaje para los discípulos es interrumpido por el enfoque hacia los oyentes que no tienen ningún compromiso; de muchas maneras los afectados son los discípulos que necesitan un trato especial y diferente que el que se le da a la multitud.

El discípulo sigue y practica la disciplina por amor y porque le nace de adentro, es El Espíritu Santo mismo quien obra plantando esa semilla para que produzca frutos al ciento por uno; el pastor que no entiende y avanza en estos procesos, se convierte en el principal estorbo y tropiezo para que la obra del Espíritu Santo no se ejecute como debe de ser en sus siervos y discípulos. Las imposiciones y demandas a todos los oyentes con mensajes hirientes y exigentes orientados a una causa personal no edifican en nada pues son solo ruido mortal.

Siempre serán la gran mayoría los oyentes, amigos y admiradores del mensaje que no tienen interés en la práctica ni en la disciplina más solo en oír sin seguir con fidelidad; Jesucristo tuvo un trato distinto y un mensaje único para sus discípulos.

Mateo 13:13. Por eso les hablo por parábolas: porque viendo no ven, y oyendo no oyen, ni entienden. 14. De manera que se cumple en ellos la profecía de Isaías, que dijo: De oído oiréis, y no entenderéis; Y viendo veréis, y no percibiréis. 15. Porque el corazón de este pueblo se ha engrosado, Y con los oídos oyen pesadamente, Y han cerrado sus ojos; Para que no vean con los ojos, Y oigan con los oídos, Y con el corazón entiendan, Y se conviertan, Y yo los sane.

El ser pastor no es solo un titulo, una posición, ni tampoco es simplemente un trabajo para devengar un salario y tratar de ser un buen esposo o padre; no se trata de simplemente querer ganar prestigio en la sociedad.

Ser pastor es vivir en disciplina, es una formación genuina del carácter y semblante de aquel hombre que representa dignamente al autor y consumador de nuestra fe dentro de la congregación y en cualquier parte, este pastor sabe ser un embajador o representante de Jesucristo nuestro Señor y Salvador, a Él es sea toda gloria y honra por los siglos de los siglos amen.

CAPITULO 4

SALVACIÓN Y CONFIANZA
PERDICION Y DESCONFIANZA

La Salvación es una dádiva del reino de Dios basado en "La Confianza", el creyente confía plenamente en esa promesa y por consecuencia la confianza debe de ser una verdad predicada, vivida y reflejada en la vida del pastor.

Los engaños, traiciones, murmuraciones y decepciones no son razones para que un pastor viva mentalmente perturbado o emocionalmente lastimado; El Pastor de Dios no puede predicar salvación si el mismo vive una vida atormentada, llena de inseguridades, desconfianzas y temores que comúnmente afligen a alguien sin fe y sin confianza en la palabra de Dios.

Un pastor que ha perdido confianza en su llamado, en el ministerio y en el pueblo de Dios estará careciendo de credibilidad, este pastor está siendo dominado por la duda, el temor, la desconfianza y rencores. Este pastor o líder necesitara bajarse del pulpito, deberá sentarse y meditar en su falta, debe arrepentirse e iniciar un proceso de sanidad interna para que pueda cosechar beneficios múltiples, siendo el primero la capacidad de disfrutar el fluir y la plenitud de Dios en su vida para continuar con un liderazgo de poder. El segundo más grande beneficio lo recibirán la familia del pastor, sus discípulos y todos los más cercanos a él, estos serán reafirmados en la fe y las bendiciones de Dios fluirán sin detenerse o ser estropeadas; luego todos en el ministerio serán bendecidos abundantemente y disfrutarán de protección divina.

La desconfianza, la duda y el temor son armas de Satanás con las que busca minar la seguridad, paz y armonía en todos; donde no hay confianza hay manipulación y esto es del anticristo. La manipulación ministerial tiende a forzar procesos sin comunicación, también puede manipular la información como le convenga a él manipulador que no informa completamente sus intenciones. La manipulación mental y emocional busca controlar el comportamiento de las personas, logrando encerrar a la iglesia en una burbuja de falsedades e hipocresías que doblegan a la congregación a rendir culto a un cristo falso.

Los inocentes no se dan cuenta y siguen adorando a Dios con sinceridad dentro de un nido de víboras y zorras, a ellos Dios les dice "Salid huyendo de allí", porque el juicio comenzara por esos lugares.

Jeremías 51:6. Huid de en medio de Babilonia, y librad cada uno su vida, para que no perezcáis a causa de su maldad; porque el tiempo es de venganza de Jehová; le dará su pago.

Apocalipsis 18:4. Y oí otra voz del cielo, que decía: Salid de ella, pueblo mío, para que no seáis partícipes de sus pecados, ni recibáis parte de sus plagas; 5. porque sus pecados han llegado hasta el cielo, y Dios se ha acordado de sus maldades. 6. Dadle a ella como ella os ha dado, y pagadle doble según sus obras; en el cáliz en que ella preparó bebida, preparadle a ella el doble. 7. Cuanto ella se ha glorificado y ha vivido en deleites, tanto dadle de tormento y llanto; porque dice en su corazón: Yo estoy sentada como reina, y no soy viuda, y no veré llanto; 8. por lo cual en un solo día vendrán sus plagas; muerte, llanto y hambre, y será quemada con fuego; porque poderoso es Dios el Señor, que la juzga.

La mente y el pensamiento del creyente son sumamente sagrados para Dios y es la responsabilidad de todos los

pastores y lideres cuidar, proteger, nutrir sabiamente y cuestionar si la fuente informativa es veraz y tiene credibilidad.

1 Juan 2:15. No améis al mundo, ni las cosas que están en el mundo. Si alguno ama al mundo, el amor del Padre no está en él. 16. Porque todo lo que hay en el mundo, los deseos de la carne, los deseos de los ojos, y la vanagloria de la vida, no proviene del Padre, sino del mundo. 17. Y el mundo pasa, y sus deseos; pero el que hace la voluntad de Dios permanece para siempre. 18. Hijitos, ya es el último tiempo; y según vosotros oísteis que el anticristo viene, así ahora han surgido muchos anticristos; por esto conocemos que es el último tiempo. 19. Salieron de nosotros, pero no eran de nosotros; porque si hubiesen sido de nosotros, habrían permanecido con nosotros; pero salieron para que se manifestase que no todos son de nosotros. 20. Pero vosotros tenéis la unción del Santo, y conocéis todas las cosas.

La idolatría en nuestras iglesias y pastores ha venido a reemplazar "la confianza en Dios y en su palabra". Esta abominación desoladora es la que mata y ejecuta muerte espiritual en aquellas iglesias en donde se encuentra cobijada, albergada y protegida.

La principal razón porque Dios este en contra de la idolatría y los falsos dioses es porque detrás de cada uno de

ellos se esconde un espíritu engañador, manipulador y con apariencias benignas pero que su verdadero objetivo es segar, cerrar y destruir los sentidos espirituales que nos permiten ver más allá de las apariencias, impidiendo oír la instrucción divina y discernir entre lo que es de Dios y lo que NO es. Satanás intento manipular, seducir y subyugar la voluntad de Cristo cuando El se encontraba en el desierto, San Mateo 4:1-12 en cada situación fue la total confianza en su padre, en la palabra correctamente interpretada y sin transgiversiones lo que le dio total victoria sobre las tentaciones; aun mas esa total confianza fue la que lo llevo a entregar su propia vida como ofrenda delante del Padre, cumpliendo y sellando así todo el proceso de nuestra redención, salvación, resurrección y transformación.

Todo lo que proviene de Dios es puro, claro, transparente, sincero y genuino, pero lo que es del anticristo opera en secreto, en oscuridad, en confusión, en apariencias; su especialidad es desviar la atención de lo verdadero a través de distracciones, fingimientos y traiciones.

El pastor no puede ser gobernado por la desconfianza, el poder del perdón es redención. Sin perdón no hay salvación y si en su ministerio no fluye este don nunca vera el éxito ministerial y el fracaso reafirmará su desconfianza.

Pastor no se aferre a seguir pastoreando sin completar su proceso de sanidad y reconciliación si continua así se condena a sí mismo y a todo aquel que esta siendo alimentado bajo la influencia y veneno de la duda, el temor, el resentimiento, la hipocresía, la corrupción y la manipulación.

Muchos oradores y predicadores podrán dar un buen mensaje o enseñanza, muchos podrán ser hábiles en el arte de la comunicación y presentación, ellos sabrán vestir un bonito traje, combinar su corbata y zapatos, estos podrán decir, guiar e instruir, pero todas estas cosas no son el primer requisito ni lo más importante delante de Dios para ser pastor; Dios ve y juzga no sus apariencias exteriores pero la verdadera confianza interna de su corazón.

Algunas iglesias han surgido de las divisiones y entre todas ellas muchos son los pastores que no tienen personas convertidas por un mensaje de salvación predicado por ellos mismos, tampoco tienen discípulos o lideres formados en su ministerio. Muchas iglesias están llenas con gente evangelizada en otras partes y con líderes formados en otras partes de los cuales muchos de ellos han salido heridos y lastimados, otros han salido huyendo porque han herido y lastimado a otros.

Los pastores de estas iglesias tienen Biblia para defender su incapacidad e ineptitud: 1 Corintios 3:6 Estos pastores y congregaciones están infestadas de conveniencias y no de disciplina; estos pastores buscan apoyo y respaldo para lo que medio pueden hacer; los otros buscan privilegios y honra para calmar su conciencia.

La base de estos ministerios es auto satisfacción y complacencia personal sin disciplina; el ejemplo de Cristo fue claro, él dio su vida por aquellos que él evangelizó, discipuló, formó y envió, ellos a su vez siguieron el ejemplo y también dieron su vida por los que evangelizaron, enseñaron y enviaron.

Los ministerios divididos hacen abundar los fundamentos sobre los fundamentos creando una fermentación de corrupción, que a su vez son cientos de egos combinados con la levadura de sus conceptos personales.

Gálatas 5:7. Vosotros corríais bien; ¿quién os estorbó para no obedecer a la verdad? 8. Esta persuasión no procede de aquel que os llama. 9. Un poco de levadura leuda toda la masa. 10. Yo confío respecto de vosotros en el Señor, que no pensaréis de otro modo; mas el que os perturba llevará la sentencia, quienquiera que sea.

Juan 15:12. Este es mi mandamiento: Que os améis unos a otros, como yo os he amado. 13. Nadie tiene mayor amor que este, que uno ponga su vida por sus amigos. 14. Vosotros sois mis amigos, si hacéis lo que yo os mando. 15. Ya no os llamaré siervos, porque el siervo no sabe lo que hace su señor; pero os he llamado amigos, porque todas las cosas que oí de mi Padre, os las he dado a conocer.

Los pastores caídos hoy en día parecen estar graduados y tener la especialización profesional de PEDIR y VENDER, ellos piden diezmos, ofrendas, semillas, compromisos, casas, carros, templos, edificios, promesas, terrenos, etc.

La justificación para todo esto muchas veces es el proyecto de construcción o el fondo Pro templo, el cual algunos nunca lo empiezan, otros lo empiezan como pretexto para seguir pidiendo pero nunca lo terminan, los que si terminan la obra tienen gran dificultad en entregar todos los títulos

de propiedad a la comunidad, hermandad que financio la construcción, Lucas19:45-47

Cuando el pueblo de Dios diezma y ofrenda lo debe de hacer con gratitud, en reverencia, puesto que esto es un acto de adoración que nace en el corazón del creyente, jamás el pueblo de Dios debe ser manipulado, ni extorsionado para cumplir con agendas corporativas.

El diezmo es un acto sagrado puesto que en él, todo creyente consagra el cien por ciento de lo que ha recibido, en este acto se dedica y se reconoce a Dios cien por ciento en todo y no solamente en la décima parte. El diez por ciento que se entrega es el pacto de que el otro noventa por ciento esta bajo la administración de un siervo sometido. Dios no ha condicionado el diezmo como un pago para entrar al cielo, debe entenderse que toda obediencia es voluntaria y Dios el padre no fuerza a nadie para creer, ni para obedecer pues El de nada y de ninguna cosa tiene necesidad.

El modelo adoptado por los pastores fundados en el capitalismo moderno es tener una iglesia o congregación que les pague los diezmos y que además adopten el programa Pro-templo.

Ellos se enfocan en promover la construcción de un edificio atractivo y con todas las comodidades, estos pastores aspiren a vivir una vida llena de comodidades personales y aun hasta con lujos y conveniencias exuberantes.

Este modelo de "pastor o ministerio" se basa en tener posesiones materiales y esta regido por las leyes del mundo babilónico, siendo éste un modelo empresarial que representa intereses corporativos y de asociaciones con intereses de lucro.

El gran temor que domina y gobierna a estos empresarios es el perder sus entradas financieras, bienes materiales y ministeriales como lo son las membresías que representan las entradas de cada mes. El pastor que basa su ministerio en estas cosas vivirá desconfiando de personas y de los factores que le puedan hacer perder sus comodidades, lujos y entradas monetarias.

El modelo bíblico y Cristo céntrico es todo lo contrario, este se basa en renunciar a toda posición de distinción y a todas las posesiones materiales, no hay bases bíblicas ni ningún llamado a las comodidades, lujos, ni a los títulos distintivos fabricados y comprados.

Todo esto debe ayudarnos a poder ver y entender claramente que las leyes que gobiernan a algunos pastores no son bíblicas ni tampoco Cristo céntricas, son estructuradas a favor del anticristo que no tienen ninguna autoridad verdadera para predicar de salvación, sanidad y restauración.

Muchos de estos empresarios deberían de renunciar al título de pastores por el verdadero titulo que representan "Presidentes Corporativos, Gerentes Generales o Administradores de la empresa eclesiástica" pero no el titulo de pastor.

Los presidentes de estas corporaciones tienen que invitar a personas con el don de Dios y tienen que delegar a personas genuinas el mensaje de salvación. Tienen que manipular el don de Dios y la unción en El Siervo de Dios para que no fluyan en libertad y con toda autoridad, el temor que tienen es que el pueblo los pueda nombrar pastores y de esa manera luego se dividen las iglesias, los pastores deben tener bien en claro que la congregación sabe y discierne cuando ellos NO están predicando, ni edificando y solo están haciendo ruido desde el pulpito.

Mateo 6:19. No os hagáis tesoros en la tierra, donde la polilla y el orín corrompen, y donde ladrones minan y hurtan; 20. sino haceos tesoros en el cielo, donde ni la polilla ni el orín corrompen, y donde ladrones no minan ni hurtan. 21. Porque donde esté vuestro tesoro, allí estará también vuestro corazón. 22. La lámpara del cuerpo es el ojo; así que, si tu ojo es bueno, todo tu cuerpo estará lleno de luz; 23. pero si tu ojo es maligno, todo tu cuerpo estará en tinieblas. Así que, si la luz que en ti hay es tinieblas, ¿cuántas no serán las mismas tinieblas? 24. Ninguno puede servir a dos señores; porque o aborrecerá al uno y amará al otro, o estimará al uno y menospreciará al otro. No podéis servir a Dios y a las riquezas.

Mateo 8:19. Y vino un escriba y le dijo: Maestro, te seguiré adondequiera que vayas. 20. Jesús le dijo: Las zorras tienen guaridas, y las aves del cielo nidos; mas el Hijo del Hombre no tiene dónde recostar su cabeza. 21. Otro de sus discípulos le dijo: Señor, permíteme que vaya primero y entierre a mi padre. 22. Jesús le dijo: Sígueme; deja que los muertos entierren a sus muertos.

Mateo 10:7. Y yendo, predicad, diciendo: El reino de los cielos se ha acercado. 8. Sanad enfermos, limpiad leprosos, resucitad muertos, echad fuera demonios; de gracia recibisteis, dad de gracia. 9. No os proveáis de oro, ni plata, ni cobre en vuestros cintos; 10. ni de alforja para el camino, ni de dos túnicas, ni de calzado, ni de bordón; porque el obrero es digno de su alimento.

Mateo 16:24. Entonces Jesús dijo a sus discípulos: Si alguno quiere venir en pos de mí, niéguese a sí mismo, y tome su cruz, y sígame. 25. Porque todo el que quiera salvar su vida, la perderá; y todo el que pierda su vida por causa de mí, la hallará. 26. Porque ¿qué aprovechará al hombre, si ganare todo el mundo, y perdiere su alma? ¿O qué recompensa dará el hombre por su alma?

Mateo 19:29. Y cualquiera que haya dejado casas, o hermanos, o hermanas, o padre, o madre, o mujer, o hijos, o tierras, por mi nombre, recibirá cien veces más, y heredará la vida eterna.

Todos estos versos exigen total CONFIANZA de los discípulos y de los pastores, Cristo tenia multitud de seguidores que sobre pasaban el numero de cinco mil, puesto que en aquel tiempo no contaban a las mujeres ni a los niños Mateo 14:21, conservadoramente podemos decir que entre todos quizás habían diez a quince mil seguidores, este número de seguidores jamás dictamino la necesidad de vender, de pedir diezmos, ofrendas o sacrificios financieros, ni mucho menos imponer la carga de construir un templo o algo parecido.

Jesucristo fue enfático en probar y fortalecer la fidelidad y confianza de sus discípulos, todos estos pasajes bíblicos son la mejor prueba irrefutable.

De tal forma que todo pastor que predica salvación y vida eterna primero debe abrazar todas estas verdades disciplinarias. El anticristo esta constantemente atacando la confianza en Cristo en todos los pastores y creyentes, el manipula la confianza y la dirige a una confianza en la multitud de la congregación, porque entre más son los asistentes, más son las entradas financieras y esa confianza materialista es la desolación espiritual en muchos recintos donde se practica la idolatría moderna que no necesita imágenes ni estatuillas.

La ley de los grandes números que los pastores buscan aplicar en sus ministerios, sugiere que se debe confiar en que un éxito ministerial esta basado en los resultados esperados por las grandes cosechas financieras, si estos resultados están orientados a atraer y predicar a las multitudes quiere decir que el enfoque es financiero y no realmente es el salvar almas a través de un discipulado de calidad, todos estos buscan más bien enriquecerse financieramente a través de la idolatría moderna que consiste en el entretenimiento y manipulación más que en educar, disciplinar y enviarlos a discipular.

La Biblia nos demuestra en varias ocasiones que el orden de esas posibilidades es insignificante y de ninguna importancia cuando alguien se dispone a CONFIAR totalmente en Dios. El libro de Jueces capítulos 7 y 8, relata de las grandes victorias de Gedeón al frente de un grupo de trecientos soldados en contra de mil quinientos que fueron vencidos con el apoyo de Dios. Todos sabemos que David era un muchacho cuando enfrento victoriosamente a un guerrero experto como lo fue el gigante Goliat.

Moisés enfrento a Faraón y sus ejércitos con autoridad de Dios, Jesucristo solo discipuló a doce y estos hicieron estremecer todos los lugares donde iban llenos del poder de Dios; otra gran victoria que Dios dio a su pueblo relata de cómo un grupo de leprosos descubrieron el campamento enemigo desertado y abandonado, Dios no necesito de ningún soldado que peleara contra el enemigo, Dios solo usó al profeta Eliseo para declarar su plan, 2Reyes 6:24-7:20.

Todas las dificultades que llegan a la vida del pastor y del creyente son con el propósito único de probar la calidad, la pureza y verdad de su CONFIANZA, todos los dones y poder de Dios que serán ejercitados desde el principio, a lo largo del ministerio, hasta la culminación de su llamado serán el resultado directo de esa CONFIANZA.

Es importante que comencemos, que continuemos bien y que tengamos un final glorioso, 2 Timoteo 4:6-8. Si en algún momento nuestra confianza en Dios es descarrillada por las ilusiones posesorias del mundo, fiel es Dios para rescatarnos de ese fracaso y de enderezar nuestros pasos si nos arrepentimos y nos humillamos de corazón, el perderlo todo será en esos casos una gran bendición y una oportunidad maravillosa para poder volver a empezar y confiar plenamente en su amor y misericordia.

1 Corintios 4:4. Porque aunque de nada tengo mala conciencia, no por eso soy justificado; pero el que me juzga es el Señor. 5. Así que, no juzguéis nada antes de tiempo, hasta que venga el Señor, el cual aclarará también lo oculto de las tinieblas, y manifestará las intenciones de los corazones; y entonces cada uno recibirá su alabanza de Dios.

La vida del pastor siervo de Dios, es una vida de sacrificios humanos y de grandes recompensas eternas; si el pueblo de Dios ha recompensado al pastor por sus sacrificios con comodidades, quizás sea tiempo que se delegue el pastorado a alguien más y que este pastor tenga un puesto de administrador, gerente, maestro o asistente, no hay nada de malo con eso. Es importante que los Pastores deleguen, promuevan, ayuden a la formación y edificación de los nuevos pastores, que den CONFIANZA a los nuevos pastores para que ellos se desarrollen en un ambiente sano y que puedan fluir con libertad en los dones que Dios quiere desarrollar en ellos para sanidad, bendición y salvación de su pueblo, sin dejar de supervisar, aconsejar e influir positivamente con ejemplos y experiencia.

1 Corintios. 4:2. Ahora bien, se requiere de los administradores, que cada uno sea hallado fiel. 1 Cor. 12:26. De manera que si un miembro padece, todos los miembros se duelen con él, y si un miembro recibe honra, todos los miembros con él se gozan. 27. Vosotros, pues, sois el cuerpo de Cristo, y miembros cada uno en particular. 28. Y a unos puso Dios en la iglesia, primeramente apóstoles, luego profetas, lo tercero maestros, luego los que hacen milagros, después los que sanan, los que ayudan, los que administran, los que tienen don de lenguas. 29. ¿Son todos apóstoles? ¿son todos profetas? ¿todos maestros? ¿hacen todos milagros? 30. ¿Tienen todos dones de sanidad? ¿Hablan todos lenguas? ¿Interpretan todos? 31. Procurad, pues, los dones mejores. Más yo os muestro un camino aun más excelente.

Daniel 12:2. Y muchos de los que duermen en el polvo de la tierra serán despertados, unos para vida eterna, y otros para vergüenza y confusión perpetua. 3. Los entendidos resplandecerán como el resplandor del firmamento; y los que enseñan la justicia a la multitud, como las estrellas a perpetua eternidad.

CAPITULO 5

INTEGRIDAD Y FIDELIDAD
INFIDELIDAD Y CORRUPCION

Integridad y fidelidad son virtudes propias que radican en aquel que confía y es fiel al llamado, la integridad y la fidelidad se complementan una y la otra, son consistentes y sin contradicciones en el pensamiento y en la forma de actuar de un verdadero discípulo y pastor. Esta armonía tiene como base un mutuo y estrecho vinculo de relación y comunicación entre el discípulo y su pastor, entre estos y El Pastor de Pastores por eso hay confianza. El discípulo no puede seleccionar aspectos de su vida y apartarlos para su conveniencia, esto limitará su avance y afectará su llamado, su confianza no será firme y completa.

Los conflictos y guerras son inevitables donde no hay confianza, la falta de confianza es la falta de integridad, la falta de integridad y fidelidad en El Querubín Protector fue y es la razón por la que hoy en día a este se le llama "ángel caído" o Satanás.

Isaías 14:12. ¡Cómo caíste del cielo, oh Lucero, hijo de la mañana! Cortado fuiste por tierra, tú que debilitabas a las naciones. 13. Tú que decías en tu corazón: Subiré al cielo; en lo alto, junto a las estrellas de Dios, levantaré mi trono, y en el monte del testimonio me sentaré, a los lados del norte; 14. sobre las alturas de las nubes subiré, y seré semejante al Altísimo. 15. Mas tú derribado eres hasta el Seol, a los lados del abismo.

Lucas 10:16. El que a vosotros oye, a mí me oye; y el que a vosotros desecha, a mí me desecha; y el que me desecha a mí, desecha al que me envió. 17. Volvieron los setenta con gozo, diciendo: Señor, aun los demonios se nos sujetan en tu nombre. 18. Y les dijo: Yo veía a Satanás caer del cielo como un rayo. 19. He aquí os doy potestad de hollar serpientes y escorpiones, y sobre toda fuerza del enemigo, y nada os dañará. 20. Pero no os regocijéis de que los espíritus se os sujetan, sino regocijaos de que vuestros nombres están escritos en los cielos. 21. En aquella misma hora Jesús se regocijó en el Espíritu, y dijo: Yo te alabo, oh Padre, Señor del cielo y de la tierra, porque escondiste estas cosas de los sabios y entendidos, y las has revelado a los niños. Sí, Padre, porque así te agradó.

La falta de Integridad, fidelidad y confianza en Adán y Eva fueron las razones por las que fueron puestos fuera del Edén y son también la razón por la cual muchas parejas se separan, se divorcian y terminas divididas heredando así conflictos, aflicciones, enfermedades, soledad, inquietudes, fracasos, vicios y depresiones.

Mateo 19:5. y dijo: Por esto el hombre dejará padre y madre, y se unirá a su mujer, y los dos serán una sola carne? 6. Así que no son ya más dos, sino una sola carne; por tanto, lo que Dios juntó, no lo separe el hombre.

Falta de integridad y fidelidad en los pastores o ángeles caídos de las iglesias fue e hizo necesario la redacción del mensaje en el libro de Apocalipsis el cual define con claridad las consecuencias que ya vivieron aquellas iglesias y que son las mismas repitiéndose alrededor del mundo en estos tiempos.

Los cuatro evangelios del nuevo testamento tienen un mensaje claro a la evangelización, estos tienen un llamado de arrepentimiento a las ovejas perdidas de la nación de Israel, a la nación escogida y llamada a la santidad, estos por no aceptar el llamado abren la oportunidad a los gentiles de donde es establecida la iglesia y es ahora en estos tiempos cuando la iglesia sufre la misma corrupción que invadió a la nación santa antes de su destrucción por el imperio babilónico y romano.

La persecución de la iglesia no es un cuento o una leyenda ya esta presente y esta realidad se ampliarán y encrudecerá como en los tiempos antiguos. Jeremías 50:6 Ezequiel 34:6 Mateo 10:6 y 15:24 y luego dice Marcos 16, expresando que la evangelización es para todo el mundo.

Marcos 16:14. Finalmente se apareció a los once mismos, estando ellos sentados a la mesa, y les reprochó su incredulidad y dureza de corazón, porque no habían creído a los que le habían visto resucitado. 15. Y les dijo: Id por todo el mundo y predicad el evangelio a toda criatura. 16. El que creyere y fuere bautizado, será salvo; mas el que no creyere, será condenado. 17. Y estas señales seguirán a los que creen: En mi nombre echarán fuera demonios; hablarán nuevas lenguas; 18. Tomarán en las manos serpientes, y si bebieren cosa mortífera, no les hará daño; sobre los enfermos pondrán sus manos, y sanarán. 19. Y el Señor, después que les habló, fue recibido arriba en el cielo, y se sentó a la diestra de Dios.

A los once discípulos Jesucristo les reprocho por su incredulidad y dureza de corazón, ellos tuvieron que ser re-evangelizados y reafirmados.

Este es el mismo mensaje de Apocalipsis, es una reevangelización de los evangelizadores los que a su vez son los pastores que se encuentran y actúan en condición de ángeles caídos faltos de integridad, fidelidad, verdadero amor, verdadera confianza, verdad doctrinal, verdad profética, verdadera vida en Cristo, verdadera santidad, de paciencia divina; abundando en todo lo contrario, llenos de frialdad, crueldad, sordera y ceguera espiritual, Apocalipsis capítulos dos y tres.

Es una insensatez que el que grita desde un pulpito y predica del perdón no perdone; que un soberbio y prepotente predique de humildad; que un ciego hable de ver y de guiar a otros ciegos, que los que no se arrepienten prediquen de arrepentimiento, que los desconfiados prediquen de confianza en Dios cuando ellos no la viven, que hablen de unidad cuando ellos están en divisiones y pleitos, que prediquen de sometimiento cuando ellos están en rebeldía, libertinaje e independencia de todo orden, disciplina y sometimiento a Dios.

Muchos que predican no lo hacen para arrepentimiento ya no predican para salvación y vida eterna. El mensaje de arrepentimiento que más repiten es aquel que obliga a la gente a regresar fielmente a sus iglesias para mantener el círculo social y de explotación.

"arrepiéntanse de no haber venido a la reunión anterior"

"arrepiéntanse de no dar sus diezmos y ofrendas"

"arrepiéntanse de no ayudar al ministerio (nuestra corporación) a crecer"

"arrepiéntanse de no bendecir y creer en su pastor, su presidente ejecutivo espiritual"

"arrepiéntanse de criticar y acusar a su pastor"

"arrepiéntanse de no comprar lo que vendemos"

Estos pastores y predicadores ellos mismos necesitan salvación y sus corazones están entenebrecidos, duros y encerrados en el materialismo y autosatisfacción. La ceguera es tanta que esta iglesia se cree la novia de Cristo y que ella jamás sufrirá porque ella será levantada con poder.

Cristo mismo llama al arrepentimiento al pastor de estas iglesias también conocidas como "Laodicea", este es un pastor ciego espiritualmente, sin vergüenza y que tiene confianza en sus riquezas o bienes materiales, estas iglesias solo usan el nombre de Cristo para enriquecerse o mantener su negocio.

Este mensaje no es para el mundo inconverso, este mensaje es directo para estos pastores torcidos y caídos, ellos tienen el nombre de Cristo en sus iglesias solo de adorno pero ellos mismos han sacado a su salvador, sanador y redentor de la iglesia prohibiéndole que regrese.

En estas iglesias Cristo esta a la puerta llamando al arrepentimiento y este libro es un llamado de advertencia.

Apocalipsis 3:14-22

Y escribe al ángel de la iglesia en Laodicea: He aquí el Amén, el testigo fiel y verdadero, el principio de la creación de Dios, dice esto: 15. Yo conozco tus obras, que ni eres frío ni caliente. ¡Ojalá fueses frío o caliente! 16. Pero por cuanto eres tibio y no frío ni caliente, te vomitaré de mi boca. 17. Porque tú dices: Yo soy rico, y me he enriquecido, y de ninguna cosa tengo necesidad; y no sabes que tú eres un desventurado, miserable, pobre, ciego y desnudo. 18. Por tanto, yo te aconsejo que de mí compres oro refinado en fuego, para que seas rico, y vestiduras blancas para vestirte, y que no se descubra la vergüenza de tu desnudez; y unge tus ojos con colirio, para que veas. 19. Yo reprendo y castigo a todos los que amo; sé, pues, celoso, y arrepiéntete. 20. He aquí, yo estoy a la puerta y llamo; si alguno oye mi voz y abre la puerta, entraré a él, y cenaré con él, y él conmigo. 21. Al que venciere, le daré que se siente conmigo en mi trono, así como yo he vencido, y me he sentado con mi Padre en su trono. 22. El que tiene oído, oiga lo que el Espíritu dice a las iglesias.

Muchas veces estos versos se utilizan en evangelismo para los inconversos pero muy pocas veces se utilizan correctamente o para quienes verdaderamente están intencionados estos mensajes.

Esto fue escrito para los ángeles caídos o pastores torcidos que están al frente de estas iglesias dormidas, ciegas y sin entendimiento del juicio del cual serán participes pronto.

Estos pastores desconfían de todo y a todos ven con incredulidad, ellos marginan a todo aquel que les quiere hacer ver esta verdad y su intransigencia los sucumbe en la desconfianza. Los pastores caídos desconfían de otros pastores y predicadores pues creen que les van a dividir la iglesia o robar miembros.

Estos pastores empresarios cuidan sus títulos de propiedad y sus círculos de relaciones internas como la única medida de confianza que les queda, pues sin estos no les queda nada. El circuito serrado de honores, galardones y pleitesías que se ofrecen son para reafirmar sus títulos y posesiones; la única intención de publicarlos es para decirles a otros lo que ellos piensan y creen de ellos mismos y así influenciar a los inocentes a creer en ellos, leer Proverbios 3:1-35.

2 Corintios 11:3. Pero temo que como la serpiente con su astucia engañó a Eva, vuestros sentidos sean de alguna manera extraviados de la sincera fidelidad a Cristo.

1 Timoteo 3:1. Palabra fiel: Si alguno anhela obispado, buena obra desea. 2. Pero es necesario que el obispo sea irreprensible, marido de una sola mujer, sobrio, prudente, decoroso, hospedador, apto para enseñar; 3. no dado al vino, no pendenciero, no codicioso de ganancias deshonestas, sino amable, apacible, no avaro; 4. que gobierne bien su casa, que tenga a sus hijos en sujeción con toda honestidad 5. (pues el que no sabe gobernar su propia casa, ¿cómo cuidará de la iglesia de Dios?); 6. no un neófito, no sea que envaneciéndose caiga en la condenación del diablo. 7. También es necesario que tenga buen testimonio de los de afuera, para que no caiga en descrédito y en lazo del diablo.

El mundo inconverso se burla, blasfema y se profesa ateo ante todas estas farsas, los impíos simplemente profesan y declaran no creer en Dios, cuando realmente lo que quieren decir es que no creen en todos estos dioses o cristos falsos, en los falsos evangelistas y pastores. El ateismo es una moda popular que refuerza la unidad en contra de todo lo torcido de la religión y ministros caídos. A todos estos ateos hoy les digo no están solos en su incredulidad, Dios mismo no cree en estos ministros, iglesias, cristos y falsos dioses, al mismo tiempo tengo que decirles que nada de todo esto será excusa, razón, ni pretexto para aquel gran día cuando se encuentren cara a cara con su Dios y creador.

El pecado de la idolatría que invadió al pueblo de Israel es el mismo pecado que aflige a la iglesia hoy en día, las catedrales y mega templos no son nada más si no instrumentos de la fe religiosa que intenta satisfacer la demanda del incrédulo que necesita ver y tocar para creer.

La sordera espiritual, la falta de entendimiento y la incapacidad de poder ver son los resultados directos de esta condición pecaminosa, el enemigo sabe que si los siervos de Dios son incapacitados estos no podrán hacerle frente; es pues el primer objetivo privarlos de los sentidos y tumbarlos al suelo para que estando en esa condición de caídos e incapacitados no puedan ser efectivos en su llamado. Apocalipsis 2:7,11, 17, 29 Y 3:6, 13,22 estos textos repiten varias veces y declaran la importancia de poder oír las instrucciones.

Todos los profesionales de medicina saben que el último sentido en aferrarse al funcionamiento de un moribundo o persona que está a punto de fallecer es el auditivo, Dios apela a este recurso en cada pastor que se encuentra caído, ciego, moribundo y con falta de entendimiento ministerial.

La FE viene y entra por el sentido auditivo Romanos 10:17. Es la palabra de Dios la única que con poder puede resucitar a un pastor muerto y liberarlo de las cadenas que lo tienen atado, la integridad y fidelidad son actos de Fe y estos son conductores de la unción fresca que quiebra y deshace todo yugo del enemigo, Isaías 10:27.

Juan 11:25. Le dijo Jesús: Yo soy la resurrección y la vida; el que cree en mí, aunque esté muerto, vivirá. 26. Y todo aquel que vive y cree en mí, no morirá eternamente. ¿Crees esto? 27. Le dijo: Sí, Señor; yo he creído que tú eres el Cristo, el Hijo de Dios, que has venido al mundo. 40. Jesús le dijo: ¿No te he dicho que si crees, verás la gloria de Dios? 41. Entonces quitaron la piedra de donde había sido puesto el muerto. Y Jesús, alzando los ojos a lo alto, dijo: Padre, gracias te doy por haberme oído. 42. Yo sabía que siempre me oyes; pero lo dije por causa de la multitud que está alrededor, para que crean que tú me has enviado. 43. Y habiendo dicho esto, clamó a gran voz: ¡Lázaro, ven fuera! 44. Y el que había muerto salió, atadas las manos y los pies con vendas, y el rostro envuelto en un sudario. Jesús les dijo: Desatadle, y dejadle ir.

¡PASTOR VEN FUERA!

Que estas palabras de poder den vida en todo aquel que necesite oírlas. Pastor Dios le llama hoy, usted puede salir de esa tumba y pozo de desesperación, si tan solo usted cree y comienza su proceso de arrepentimiento, sanidad y restauración. La importancia de todo esto no es solo usted sino además confirmar el llamado y capacitación de las próximas generaciones.

Es importante que como Elías entregó el manto de poder en su ministerio, usted aproveche esta reconciliación para capacitar a los siervos de Dios que deben activarse para estos tiempos difíciles.

La confianza, integridad y fidelidad en Dios es un ejercicio disciplinario constante en la vida del pastor, no hay nada que el haga o que piense hacer que no esté sujeto a la autoridad divina.

El pastor debe caminar en constante sujeción a esta autoridad la cual gobierna y agudiza todos sus sentidos espirituales elevándolos y otorgándole dominio sobre cada terreno que pisa, el puede ver más allá de lo que el ojo humano puede ver, el puede discernir o anticipar las consecuencias de cada acción antes que estas se ejerzan, el tiene experiencia y conexión divina, el pastor tiene un oído atento y despierto a todo lo que Dios quiere decirle y revelarle, esta voz late y es palpitante en su vida como el latir de su corazón.

Cada evento en su vida fue planeado, anticipado y orquestado por la voluntad divina de su padre que lo dirige y lo guía. Todas las pruebas, desafíos, desprecios, humillaciones y necesidades han sido las herramientas necesarias para la formación de su carácter, todos estos han sido el fuego necesario para purificar su corazón, para probar la calidad y calibre de su integridad y fidelidad.

Los pasos del pastor son seguros y sin temor pues aquello que él no pueda ver y entender él sabe que mientras camine bajo esa autoridad y no se salga de ella todo obrara para bien; no importa que tan obscura sea la noche o que tantos rugidos se produzcan en la obscuridad, su vida y confianza están guardadas en las manos de Dios.

Este pastor no ha puesto a Dios en su agenda diaria como lo hacen los corporativos, este pastor ha puesto su vida en la agenda de Dios y es allí donde radica su confianza.

El pastor que pone a Dios en la agenda de su vida descubrirá un día que esa agenda podrá ser puesta en la basura y que eventos drásticos podrán cambiar los valores y ordenes planeados por el. Pero el pastor que pone su vida en la agenda de Dios este pasara una vida eterna descubriendo tesoros eternos.

Romanos 8:35. ¿Quién nos separará del amor de Cristo? ¿Tribulación, o angustia, o persecución, o hambre, o desnudez, o peligro, o espada? 36. Como está escrito: Por causa de ti somos muertos todo el tiempo; Somos contados como ovejas de matadero. 37. Antes, en todas estas cosas somos más que vencedores por medio de aquel que nos amó. 38. Por lo cual estoy seguro de que ni la muerte, ni la vida, ni ángeles, ni principados, ni potestades, ni lo presente, ni lo por venir, 39. ni lo alto, ni lo profundo, ni ninguna otra cosa creada nos podrá separar del amor de Dios, que es en Cristo Jesús Señor nuestro.

Proverbios 28:6 Mejor es el pobre que camina en su INTEGRIDAD, Que el de perversos caminos y rico.

Tito 2:7

Presentándote tú en todo como ejemplo de buenas obras; en la enseñanza mostrando INTEGRIDAD, seriedad

Josué 24:14

Ahora, pues, temed a Jehová, y servidle con INTEGRIDAD y en verdad; y quitad de entre vosotros los dioses a los cuales sirvieron vuestros padres al otro lado del río, y en Egipto; y servid a Jehová.

Apocalipsis 2:10 No temas en nada lo que vas a padecer. He aquí, el diablo echará a algunos de vosotros en la cárcel, para que seáis probados, y tendréis tribulación por diez días. Sé FIEL hasta la muerte, y yo te daré la corona de la vida. 2:13 Yo conozco tus obras, y dónde moras, donde está el trono de Satanás; pero retienes mi nombre, y no has negado mi fe, ni aun en los días en que Antipas mi testigo FIEL fue muerto entre vosotros, donde mora Satanás. 17:14 Pelearán contra el Cordero, y el Cordero los vencerá, porque él es Señor de señores y Rey de reyes; y los que están con él son llamados y elegidos y FIELES.

CAPITULO 6

LA PACIENCIA ES UNA EMERGENCIA

Los discípulos y ministros carecen hoy en día de PACIENCIA creando de esa manera un estado de emergencia entre el pueblo de Dios; los lideres se multiplican sin entender y sin practicar o ejercitar la paciencia que es un don divino del mismo trono de Dios.

La impaciencia del mundo sofoca a los pastores con las preocupaciones y ocupaciones racionales y todas las lógicas que los posicionan a ser manejadores, administradores, constructores y empresarios, más que pastores con el llamado santo y divino.

Muy pocos son los lideres que saben conectar sabia y espiritualmente con las necesidades del discípulo y las responsabilidades de su llamado, nadie quiere atender con paciencia a estas y las muchas otras necesidades en el pueblo de Dios.

El pastor no ha sido llamado a juzgar y a dar preferencia entre quienes necesitan salvación, arrepentimiento, restauración, y bendición; el que hace este tipo de prejuicios es deshonesto con el don, con el llamado de Dios y con el ministerio de la evangelización.

Este pastor debe ser llamado a la corrección la cual debe ser supervisada. Todo ministerio debe tener la facilidad y los medios para que los discípulos puedan comunicar inquietudes sin ser prejuzgados como adversos o contrarios contra el liderazgo que los dirige, todos deben de tener una forma de expresarse y que preferiblemente sea de forma privada y confidencial para evitar las murmuraciones y represalias.

Los ancianos deben atender y resolver de manera sabia todos los comentarios, sugerencias, opiniones y criticas; el ignorar y no resolver estos problemas solo hará que estos crezcan y se desarrollen contaminando la atmosfera y comunión dentro de la iglesia y el discipulado.

Es común que las congregaciones den sobres para diezmos y ofrendas, todos deberían aprovechar este recurso para ofrendar y dar sus opiniones de forma anónima, para que alguien preste atención a los problemas; la crítica debe ser siempre constructiva ofreciendo posibles soluciones desde el punto de vista del comentarista.

El pastor no puede juzgar entre la etnicidad, color de piel, sexo, estatura, apariencia física, estado social o económico, si la persona es pobre, humilde, orgulloso, malvado, delincuente, profesional, empresario, etc. Como siervos de Dios no tenemos derecho de juzgar al necesitado y su necesidad de arrepentimiento y salvación.
Nuestra responsabilidad es la de ser imparciales ante estas necesidades, pues nadie conoce el corazón del hombre, sólo Dios.

Faraón fue reprendido con plagas y en cada ocasión la oportunidad de arrepentimiento estuvo presente, el pueblo de Dios pecó muchas veces en el desierto y Moisés intercedió por el pueblo, la misericordia de Dios estará disponible y presente para todo aquel que la necesite y solo Dios puede juzgar al necesitado de salvación y declarar sentencias y juicios finales.

Jeremías 17:9. Engañoso es el corazón más que todas las cosas, y perverso; ¿quién lo conocerá? 10. Yo Jehová, que escudriño la mente, que pruebo el corazón, para dar a cada uno según su camino, según el fruto de sus obras.

El milagro redentor y el poder de Dios para salvar y perdonar no ve y no tiene prejuicios raciales y sociales, no hace diferencias y no hace distinciones, tampoco el favor de Dios exige membrecía en las iglesias, no exige que diezmen, que ofrenden, que colaboren en la obra y ni siquiera que se congreguen, todas estas cosas son el resultado de un corazón benevolente que hace todo esto por amor y porque quiere hacerlo, todo servicio es voluntario, pero será obligatorio en aquellos casos donde hallan arreglos y contratos de empleo que se deban cumplir.

El pastor no está para gobernar con altivez, manipular, exigir y mandar a su antojo, su llamado NO es el de ser capataz, verdugo o tirano con el pueblo de Dios, la iglesia merece RESPETO y es este RESPETO lo que marca la diferencia entre una congregación con salud espiritual y la que está enferma y quebrantada.

La falta de respeto demuestra la falta de paciencia y sabiduría entre los pastores, entre los líderes y la congregación. Necesitamos con urgencia de pastores y lideres con paciencia, estamos en un estado de emergencia dentro del pueblo de Dios por la falta de este don; todo atropello y violencia verbal desde el pulpito, la falta de comprensión y de buena relación con el pueblo de Dios son muestras de la falta de comunicación y paciencia entre unos y otros.

Jesucristo nuestro Pastor de pastores, jamás dio ejemplo de cobrar por el don de la salvación, milagros, sanidad, liberación, oración y discipulado; El jamás dio instrucciones de ir y construir mega estructuras, templos o edificios. Jesucristo enseño, capacitó y formó líderes sin necesidad de comprar, cobrar o construir edificios, él no dijo vallan y dedíquense a atender las necesidades personales y caprichos de los lideres y las multitudes.

El pecado no está en la intención del edificio, pero el pecado está en la realidad simbólica de estos edificios y cuando estas estructuras y sus dueños reciben más gloria y respeto que la que se le debe de dar a Dios y a su palabra; el pecado es y está cuando muchas de estas estructuras reciben más servicio, atención, dedicación, financiamiento, brillo y mantenimiento que la que se le debe de dar a EL

VERDADERO DISCIPULADO el cual es el verdadero llamado. ¿Quién? dentro de nosotros es capaz de ver en aquel y en este tiempo a Jesucristo afanado por construir un gran edificio o un mega templo sólo porque tiene más de cinco mil seguidores. Nuestro Señor tenía claro su ministerio, la construcción y edificación más significante para él no era la de edificios costosos y maravillosos que exaltaran el ego de los hombres, pero si lo fue mas bien la superación espiritual, aquella que es capaz de implantar el reino y la voluntad de Dios en la tierra.

Jesucristo nos dejó muy en claro este mensaje de Marcos 13:1 para que todos y en todos los tiempos comprendamos el fin de estos afanes, estructuras o edificios hechos por los hombres.

Marcos 13:1. Saliendo Jesús del templo, le dijo uno de sus discípulos: Maestro, mira qué piedras, y qué edificios. 2. Jesús, respondiendo, le dijo: ¿Ves estos grandes edificios? No quedará piedra sobre piedra, que no sea derribada.

Jesucristo busca discípulos, líderes, obreros y pastores que edifiquen a su pueblo con los materiales indestructibles y poderosos para salvación y restauración del alma caída.

La mentalidad de las corporaciones es construirse un nombre grande y significativo que compita en las industrias, de esa forma y con esa intención ellos dirigen sus capitales y así gastan grandes fortunas. Hoy en día es inevitable que todo sea grande por la forma en que el mundo está conectado. A los pastores y ministerios que se sientan ofendidos ruego encarecidamente que revisen y vuelvan a revisar sus formatos, estructuras y prioridades. Los administradores, concilios y consejeros deben velar, evaluar y cuidar de todas estas áreas para que la integridad del pastor y del evangelio no se vea dañada.

De que le sirve a un pastor gloriarse de un edificio destructible si perdiere la oportunidad de entrar por las puertas de la Nueva Jerusalén para admirar y contemplar la hermosura de un templo indestructible; una entrada triunfal por las puertas de La Nueva Jerusalén es y debe de ser motivo de inspiración para todo pastor y aun mucho mas si se logra ver entrando acompañado del grupo que pastoreo y guío hasta llegar a esa entrada triunfal.

No hay nada más hermoso delante de Dios y su pueblo que un pastor que ha alcanzado logros maravillosos y que tiene la humildad de renunciar a todos los títulos de propiedad entregándolos a la comunidad que trabajo, donó y aportó para su construcción.

Comunidad donde debe de haber gente capaz para manejar y administrar sabiamente sin descuidar ni abandonar lo que debe ser un retiro justo para el pastor.

Donde no hay PACIENCIA, hay desesperación falta de confianza e incredulidad. El pastor que opera bajo esta influencia del anticristo cederá a la tendencia por hacer y mandar con ego personal. La paciencia en el siervo es aquella que nace y fluye en él como resultado de su comunión y tiempo a solas con Dios, la intimidad espiritual acompañada de oración y ayuno dará al pastor genuinidad, seguridad, tranquilidad en medio de cualquier tormenta y ésta a su vez se interpretará en servicio, dedicación y amor imparcial para el pueblo de Dios.

La paciencia llevará al pastor a ver las maravillas que Dios tiene preparadas para su ministerio, por otro lado la impaciencia forzará al pastor a ejercer bajo influencias contrarias que son los mecanismos corporativos que distraen haciendo ruidos y que ensordecen el sentido auditivo espiritual del pastor, enfocándolo en el materialismo, egoísmo y las vanidades de este mundo.

Los pastores que tienen un trabajo secular o que dedican la mayor parte de su tiempo a los afanes de edificación, administración del templo, a sus negocios personales, a los programas radiales y televisivos difícilmente podrán dedicar calidad de tiempo a la consagración y santificación de su espíritu, alma y cuerpo. El pastor que no se consagra andará en la carne y no fluirá en él la autoridad del Espíritu Santo, pues el mismo no está bajo autoridad; este pastor no es digno de pararse en un pulpito y de representar al Pastor de Pastores, pues sus afanes materiales contristan al Espíritu Santo; Jesucristo es el ejemplo para seguir y ningún pastor debería seguir el ejemplo de pastores caídos y torcidos porque el castigo y condenación de estos será para todos el mismo.

Lucas 5:16. Más él se apartaba a lugares desiertos, y oraba.
Mateo 11:29. Llevad mi yugo sobre vosotros, y aprended de mí, que soy manso y humilde de corazón; y hallaréis descanso para vuestras almas; 30. Porque mi yugo es fácil, y ligera mi carga.
Mateo 26:40. Vino luego a sus discípulos, y los halló durmiendo, y dijo a Pedro: ¿Así que no habéis podido velar conmigo una hora? 41. Velad y orad, para que no entréis en tentación; el espíritu a la verdad está dispuesto, pero la carne es débil. 42. Otra vez fue, y oró por segunda vez, diciendo: Padre mío, si no puede pasar de mí esta copa sin que yo la beba, hágase tu voluntad. 43. Vino otra vez y los halló durmiendo, porque los

ojos de ellos estaban cargados de sueño. 44. Y dejándolos, se fue de nuevo, y oró por tercera vez, diciendo las mismas palabras.

Salmos 40:1. PACIENTEMENTE esperé a Jehová, Y se inclinó a mí, y oyó mi clamor. 2. Y me hizo sacar del pozo de la desesperación, del lodo cenagoso; Puso mis pies sobre peña, y enderezó mis pasos. 3. Puso luego en mi boca cántico nuevo, alabanza a nuestro Dios. Verán esto muchos, y temerán, y confiarán en Jehová. 4. Bienaventurado el hombre que puso en JEHOVA SU CONFIANZA, y no mira a los soberbios, ni a los que se desvían tras la mentira. 5. Has aumentado, oh Jehová Dios mío, tus maravillas; y tus pensamientos para con nosotros, No es posible contarlos ante ti. Si yo anunciare y hablare de ellos, No pueden ser enumerados.

Apocalipsis 1:9. Yo Juan, vuestro hermano, y copartícipe vuestro en la tribulación, en el reino y en LA PACIENCIA de Jesucristo, estaba en la isla llamada Patmos, por causa de la palabra de Dios y el testimonio de Jesucristo.

Los resultados que vemos o no vemos, los que queremos ver y por los cuales se ora o se intercede no deben de dictaminar el estado de ánimo en el pastor, el pastor no debe juzgar su ministerio por los resultados que ve y que no ve, esto es falta de confianza. Todo pastor que vive sujeto a la autoridad de Cristo vive en plena confianza y esto debe de darle PAZ y PACIENCIA.

Muchas lecciones de paciencia y confianza se presentarán en nuestro diario vivir y estas serán las razones por las qué no veremos respuesta a nuestras oraciones caprichosas; no es pecado o falta de comunión, es formación en el carácter, es aprender que la comunión y relación espiritual con nuestro Señor no tiene nada que ver con chantaje o manipulación de nuestros antojos por verse realizados. Especialmente en el principio del ministerio la falta de experiencia puede formar un carácter caprichoso y todo esto será corregido en el pastor y el discípulo a través de los procesos de aprendizaje y formación. El desanimarnos o desesperarnos por la falta de resultados y el emocionarnos con exageración por ver algunos resultados es solamente inmadurez. Cuando veamos repetidas veces el poder de Dios obrando en nuestras vidas nos daremos cuenta de que todas estas maravillas son un común denominador en la vida que se entrega y confía en Dios.

a) OTRO NIVEL DE PACIENCIA

Es aquel nivel que discierne e intuitivamente entiende que la respuesta viene pero que enfrenta gran oposición, si sucumbimos en la impaciencia cuando la respuesta está en camino y no estamos en el lugar donde debemos de estar espiritualmente confiando, perderemos de ver la gloria de Dios y sus maravillas cuando todos estos resultados estén muy cerca de verse, Daniel 10:13-21.

Esta paciencia que Dios produce en nosotros nace y opera en el tiempo de Dios y el tiempo en Dios no se puede comprender y medir como se mide en el ámbito natural, esta paciencia es realmente el vínculo que conecta la gloria de Dios con la naturaleza humana en la tierra y son los pastores y sus ministros este punto de contacto.

Desde mi niñez sentí y experimenté una fuerte presencia de Dios en mi vida y antes de nacer, dos bebes varones le nacieron a mi madre los cuales fallecieron al poco tiempo de nacer, después de cumplir mis primeros dieciocho meses de nacido mi madre fue la que falleció. A pesar de varios atentados contra mi salud y mi vida he logrado llegar hasta aquí con la ayuda de mi Padre Celestial y con el apoyo de mi padre terrenal me inicié en el ministerio misionero desde los catorce años, fue allí donde desde muy temprana edad pude ver claramente las muchas fallas dentro de las iglesias, pastores y ministerios, al cual se le puede llamar el inframundo pastoral y ministerial.

Después de pasar por un desierto donde la salud, finanzas y muchas relaciones personales fueron gravemente afectadas Dios vino a mi encuentro para preguntar, ¿Que haces aquí? Y sin saber que contestar la respuesta divina fue, "escribe lo que has visto, pues has sido llamado a ser testigo para estos tiempos", los juicios vienen y no tardan, antes que se decreten sentencias la oportunidad individual será presentada a todo aquel que se quiera beneficiar de ella.

Ahora es cuando puedo decir y escribir lo que creo que Dios puso en mí desde muy temprana edad y quizás desde antes de nacer.

Estoy seguro que esta semilla fue sembrada o puesta en mí desde tiempos que solo Dios conoce, no puedo explicarlo todo pero en mi comprensión de todas las cosas es como que los años de ministerio son los que mas me sirvieron para escribir acerca de todo lo que vi, no he sido yo quien ha esperado producir y dar a luz este libro pero es el pueblo de Dios y los siervos de Dios de este tiempo los que esperaban y necesitaban leer y ver estas verdades.

Después de recibir claramente la revelación de los juicios que se acercan ya no queda ninguna pena que sea más importante como lo es extender el mensaje de oportunidad y socorro que Dios ofrece a sus amados.

¿Puede alguien cuando es concebido en el vientre esperar pacientemente por tener sus ojos? ¿Puede el feto de seis meses esperar a ver con sus ojos lo que vera cuando tenga tres meses de nacido? ¿Puede el niño de un año comprender lo que ve y explicarlo? La paciencia es lo que permite que todos estos milagros se cumplan en su tiempo sin que el beneficiario muchas veces entienda el poder y beneficios encerrados en lo que se espera.

La paciencia en Dios da al pastor, discípulo y siervo la visión espiritual; la cual lo lleva a comprender muchas cosas antes del tiempo para el cual fue predispuesto. Dios permitirá que un día podamos ver, entender y comunicar todo lo que sólo con la FE y LA PACIENCIA podremos ver en este siglo y en el venidero.

S Juan 11:40. Jesús le dijo: ¿No te he dicho que si crees, verás la gloria de Dios?

b) LA PACIENCIA QUE ES NECESARIA PARA PERMANECER EN EL LLAMADO

Isaías 6:8. El profeta responde "envíame a mi" pero después de identificar que el mensaje no era nada alentador y que no producía los resultados esperados, entonces el profeta pregunta: ¿hasta cuando he de dar este mensaje? y la respuesta es que el mensaje no era para producir resultados de arrepentimiento a nivel nacional, pero la necesidad de resultados esperados era a nivel personal e individual.

El tiempo de la oportunidad para la nación ya había pasado y la línea del juicio ya se había cruzado. El mensaje que el profeta fue enviado a dar sería usado como testimonio en contra del pueblo enjuiciado y para dar oportunidad a todo aquel que de una forma individual todavía fuera merecedor de misericordia.

La nación entera entro en juicio y todos sufrieron las consecuencias pero la oportunidad y socorro no serian negadas a todos aquellos que todavía estuvieran bajo la gracia de Dios.

La paciencia nos ayuda a no ser jueces que premeditadamente esperan ver los resultados que pudieran estar o no en los planes de Dios.

Es pues "La Paciencia" la virtud que ayudó a Josué y a Caleb a poder entrar en la tierra prometida, con paciencia creyeron y vieron el poder de Dios liberarlos de una esclavitud de cuatrocientos años, con paciencia creyeron y se mantuvieron firmes por otros cuarenta años cuando todos claudicaban y se quejaban en el desierto; ellos vieron la muerte de los egipcios y vieron la muerte de los hebreos incrédulos, pero todo esto solamente los reafirmó en la Fe que abrazaban en Dios pacientemente. Paciencia hermano, paciencia, pues la paciencia es la que nos fortalece para no responder con mal al que mal nos hace, no hay necesidad pues toda maldad tiene su juicio y recompensa.

Lucas 21:16. Mas seréis entregados aun por vuestros padres, y hermanos, y parientes, y amigos; y matarán a algunos de vosotros; 17. y seréis aborrecidos de todos por causa de mi nombre. 18. Pero ni un cabello de vuestra cabeza perecerá. 19. Con vuestra paciencia ganaréis vuestras almas. Romanos 5: 3. Y no sólo esto, sino que también nos gloriamos en las tribulaciones, sabiendo que la tribulación produce paciencia; 4. y la paciencia, prueba; y la prueba, esperanza; 5. y la esperanza no avergüenza; porque el amor de Dios ha sido derramado en nuestros corazones por el Espíritu Santo que nos fue dado. 2 Pedro 3:15. Y tened entendido que <u>la paciencia de nuestro Señor es para salvación</u>; como también nuestro amado hermano Pablo, según la sabiduría que le ha sido dada, os ha escrito,

Apocalipsis 1:9. Yo Juan, vuestro hermano, y copartícipe vuestro en la tribulación, en el reino y en <u>la paciencia de Jesucristo</u>, estaba en la isla llamada Patmos, por causa de la palabra de Dios y el testimonio de Jesucristo. 3:10. <u>Por cuanto has guardado la palabra de mi paciencia</u>, yo también te guardaré de la hora de la prueba que ha de venir sobre el mundo entero, para probar a los que moran sobre la tierra. Ver además 2:2-3,19; 13:10; 14:12

CAPITULO 7

GENTILEZA Y AMABILIDAD
CORTESIA Y PROFECIA

Todas estas virtudes serán siempre bien recibidas por los convertidos y por todos aquellos que están por convertirse en fieles de la fe. No hay nada más desagradable que un predicador o pastor rudo, grosero y vulgar del cual muchos prefieren sus oídos cerrar y sus consejos ignorar, nadie quiere invitar a un amigo, familiar, vecino o compañero de trabajo para pasar estas vergüenzas en su congregación, ésta iglesia en vez de ser edificada simplemente está siendo entretenida por un comediante grosero y pedante.

El mensaje de salvación pierde seriedad, el pastor que falta el respeto a la congregación recibirá de igual manera muchas faltas de respeto. Todo entretenimiento y diversión debe ser en un lugar fuera del santuario y definitivamente nunca desde el altar, que lo hagan otras personas menos el pastor; la gracia de Dios será siempre suficiente para que el pastor de forma natural sea grato a los oyentes sin fingimientos, sin adulaciones y sin favoritismos.

Efesios 4:29. Ninguna palabra corrompida salga de vuestra boca, sino la que sea buena para la necesaria edificación, a fin de dar gracia a los oyentes. 30. Y no contristéis al Espíritu Santo de Dios, con el cual fuisteis sellados para el día de la redención. 31. Quítense de vosotros toda amargura, enojo, ira, gritería y maledicencia, y toda malicia. 32. Antes sed benignos unos con otros, misericordiosos, perdonándoos unos a otros, como Dios también os perdonó a vosotros en Cristo.

Filipenses 4:5. Vuestra gentileza sea conocida de todos los hombres. El Señor está cerca. 6. Por nada estéis afanosos, sino sean conocidas vuestras peticiones delante de Dios en toda oración y ruego, con acción de gracias. 7. Y la paz de Dios, que sobrepasa todo entendimiento, guardará vuestros corazones y vuestros pensamientos en Cristo Jesús. 8. Por lo demás, hermanos, todo lo que es verdadero, todo lo honesto, todo lo justo, todo lo puro, todo lo amable, todo lo que es de buen nombre; si hay virtud alguna, si algo digno de alabanza, en esto pensad.

El pastor no puede, no debe maltratar, herir y lastimar a los oyentes. El pastor ha sido llamado a cuidar, alimentar, sanar, restaurar a un pueblo herido y lastimado por el pecado; si el pastor cree o piensa que su puesto es el de ser juez y verdugo ese pastor no tiene corazón de sacerdote o intercesor por el pueblo. Este pastor necesita un curso intensivo y bastante claridad en lo que respecta a los juicios de Dios, los cuales son inminentes, ellos ya fueron establecidos y nadie los escapará. El pueblo de Dios que está a su cargo no está para ser juzgado, criticado y condenado, todo eso no beneficiara en nada los procesos de sanidad, restauración y salvación, lo que si lograra edificar es una organización de fariseos.

El pueblo subyugado en temor no crecerá en los dones de Dios, será siempre dependiente de vianda, de leche y no alcanzará madurez ni carácter espiritual, esta iglesia será como aquellos niños que de todo se quejan, que todo les incomoda, que corren para todos lados y que van de iglesia en iglesia sin raíces ni frutos espirituales. En el amor no hay temor, el hijo que crece temiendo el castigo de corrección buscará la manera de no ser descubierto, pero el hijo que crece en un ambiente de amor y confianza tendrá la libertad de desenvolverse y crecer sin cárceles mentales, ni espirituales impuestas por el miedo, no teniendo nada que esconder el vive sin temor pues vive en libertad.

Los pastores que usan mensajes amenazadores y de juicios con una proyección manipuladora no edifican con madurez el carácter y la formación de la iglesia; todas estas manipulaciones con el propósito de pedir dinero y favores del pueblo no están bien vistas delante de Dios. Los hijos no son propiedad de los padres y las congregaciones no deben ser vistas ni tratadas como propiedades de los pastores, el pueblo de Dios no está para ser usado, abusado, intimidado, ni maltratado.

El pastor puede hacer correcciones a los discípulos y a miembros de la congregación en privado primeramente; la segunda opción es en reunión con líderes del ministerio y por ultimo lo podrá hacer en público delante de la congregación, solo si en las dos primeras correcciones no se obtuvo el resultado esperado; a pesar de que esto es permitido, recomiendo mucho cuidado y palabras sabias para ejercer cada uno de los tres pasos; siempre es recomendable encontrar y resaltar tres o más virtudes en cada persona antes de que sea confrontada por su error o falta, el ministro debe dedicar tiempo para escuchar el por qué y las razones que se tengan; si hubieran más versiones que se deban escuchar debe atender y considerar todos los puntos de vista, es importante que el ministro lo haga antes de disciplinar o juzgar sin bases substanciales.

El anticristo buscará por todos los medios sembrar la división, quebranto y desaliento en las personas, por ello los pastores deben cuidar en no defraudar a los discípulos y a la congregación. La falta de sabiduría y disciplina en cómo resolver problemas, diferencias y desavenencias son las razones principales del porque muchos salen heridos y confundidos, son además las razones principales por las que surgen muchas divisiones.

Los temas sobre los juicios de Dios se tendrán que enseñar, pero la intención debe ser siempre edificación y no condenación ni manipulación del pueblo. Debo añadir que esta instrucción es específica para el pastor y que Dios en su soberanía puede enviar profetas atalayas que hablaran fuerte e hiriente a la iglesia y a el mismo pastor. Todo siervo llamado al ministerio profético y a levantar juicios sabe y debe entender el gran precio que pagará por ese llamado.

El ministerio profético es muy distinto y opera de manera diferente al del pastor, este ministerio tiene tres proyecciones, las cuales operan de manera diferente a cada grupo. El pastor debe estar capacitado para poder educar al pueblo y que éste no sea engañado por las herejías de los falsos profetas, al mismo tiempo el pastor y la congregación deberán extender todas las cortesías y recibir con humildad los mensajes que Dios les envíe a través de los profetas para poner cordura y orden cuando esto sea necesario.

a) TRES RAMAS DEL MINISTERIO PROFETICO

PRIMERO

El primer nivel del ministerio profético es revelar el misterio de todos los tiempos a Jesucristo como el Rey de Reyes y Señor de Señores. Todo profeta de Dios tendrá la capacidad de enseñar y revelar al pueblo estas verdades y de declararlas públicamente sin ningún temor pues serán siempre de edificación. Todo pastor debe de entender, conocer, enseñar y discipular sobre este cimiento pues sobre esto **NO** puede haber, ni existir otro fundamento, evangelio o nuevas de salvación.

Discipulado es revelar y dar a conocer con letra, ejemplo, practica y disciplina la divinidad y humanidad de Cristo desde Génesis 1:1 hasta Apocalipsis 22:21, es sembrar la semilla, regarla, abonarla, protegerla, para que El Espíritu Santo la pode, le haga crecer y le haga producir todos los frutos necesarios para la edificación del cuerpo de Cristo. Aclaro no es el hombre el que debe podar, forzar el crecimiento y los frutos, esto es obra divina y por voluntad santa. Discipulado tampoco son diez, quince y veinte años en la iglesia pretendiendo servir a Dios desde la comodidad de una silla, pretendiendo servir a Dios cuando en realidad se esta sirviendo a las agendas de los hombres.

Daniel 9:24 Setenta semanas están determinadas sobre tu pueblo y sobre tu santa ciudad, para terminar la prevaricación, y poner fin al pecado, y expiar la iniquidad, para traer la justicia perdurable, y sellar la visión y la profecía, y ungir al Santo de los santos.

Romanos 16:25 Y al que puede confirmaros según mi evangelio y la predicación de Jesucristo, según la revelación del misterio que se ha mantenido oculto desde tiempos eternos, 16:26 pero que ha sido manifestado ahora, y que por las Escrituras de los profetas, según el mandamiento del Dios eterno, se ha dado a conocer a todas las gentes para que obedezcan a la fe, 16:27 al único y sabio Dios, sea gloria mediante Jesucristo para siempre. Amén.

1 Corintios 2:6. Sin embargo, hablamos sabiduría entre los que han alcanzado madurez; y sabiduría, no de este siglo, ni de los príncipes de este siglo, que perecen. 7. Más hablamos sabiduría de Dios en misterio, la sabiduría oculta, la cual Dios predestinó antes de los siglos para nuestra gloria, 8. la que ninguno de los príncipes de este siglo conoció; porque si la hubieran conocido, nunca habrían crucificado al Señor de gloria.

Apocalipsis 19: 10 Yo me postré a sus pies para adorarle. Y él me dijo: Mira, no lo hagas; yo soy consiervo tuyo, y de tus hermanos que retienen el testimonio de Jesús. Adora a Dios; porque el testimonio de Jesús es el espíritu de la profecía. Y 22:16. Yo Jesús he enviado mi ángel para daros testimonio de estas cosas en las iglesias. Yo soy la raíz y el linaje de David, la estrella resplandeciente de la mañana. 17. Y el Espíritu y la Esposa dicen: Ven. Y el que oye, diga: Ven. Y el que tiene sed, venga; y el que quiera, tome del agua de la vida gratuitamente. 18. Yo testifico a todo aquel que oye las palabras de la profecía de este libro: Si alguno añadiere a estas cosas, Dios traerá sobre él las plagas que están escritas en este libro. 19. Y si alguno quitare de las palabras del libro de esta profecía, Dios quitará su parte del libro de la vida, y de la santa ciudad y de las cosas que están escritas en este libro.

SEGUNDO

Esta segunda rama del ministerio profético es <u>la revelación de los juicio de Dios.</u>

Los profetas fueron establecidos en la nación de Israel como centinelas, observadores y testigos, Deuteronomio 17:6, Hechos 1:8 y Apocalipsis 11:3-4. No puede haber juicio sin testigos, los discípulos establecidos y revestidos son llamados a ser testigos de Dios para estos tiempos y este testimonio confirma todo juicio promulgado, esa es una de las razones importantes por las que El Señor dice "mía es la venganza" Levítico 19:18, Deuteronomio 32:35 y Romanos 12:19.

Los profetas eran Jueces que guardaban e interpretaban la ley, las ordenes y preceptos de Dios; por esta capacidad o revestimiento ellos también eran llamados a ser alguaciles de la ley de Dios, esto es llamar a cuentas, en forzar los juicios de la ley, declarar, advertir, ejecutar sentencias y juicios inminentes sobre el pueblo, los reyes, líderes y naciones extranjeras. Ellos fueron también llamados a ser testigos de las vilezas que se cometían en el templo, las injusticias gubernamentales que se ejecutaban desde el trono del rey y aún todos los pecados entre las familias más humildes y poderosas de todo el reino. Los juicios fueron advertidos, el proceso de sanidad y restauración fue anunciado por muchos profetas que ofrendaron sus vidas. Ellos lloraron y sufrieron angustias por el pueblo de Dios antes que este fuera enjuiciado, ellos vieron como ver en una película la revelación de todos los juicios que serían ejecutados con detalles horrendos y que se aproximaban sin que ellos pudieran hacer nada para evitarlo. Ellos estaban dispuestos ha ofrendar sus vidas en sacrificio si fuera necesario para hacer conciencia y redarguir corazones pero en muchos casos el mensaje de arrepentimiento y reconciliación fue simplemente ignorado y pisoteado con burlas.

Tómese en cuenta que este ministerio profético fue en la mayor parte de veces un ministerio centralizado para los llamados, escogidos y considerados la nación santa y el pueblo escogido.

El llamado a este servicio y ministerio es el más difícil de todos, pues el verdadero profeta estará rodeado de desprecio, soledad y marginación por la falta de comprensión a este don, el cual es muy difícil de enseñar y de delegar. El caso de Elías y Eliseo pueden resumir todo lo que quiero decir, Elías procuro por todos los medios el no delegar o revestir a Eliseo de este don, pero a Eliseo le ardía el fuego santo para vivir y seguir este llamado, Él podía ver y entender que todo esto era parte del proceso de confirmación.

En estos días la profecía de corrección para la iglesia y los pastores ya fue dada, cualquier otra advertencia será redondear o repetir lo que ya fue declarado.

Todas las naciones que fueron instrumentos de corrección y que Dios uso para enjuiciar a su pueblo a todas ellas los profetas anunciaron destrucción y demolición. La profecía que describe la muerte de todos los impíos en todas las naciones, pueblos y lenguas ya fue revelada; los verdaderos profetas tienen revelación, maestría, experiencia, capacidad, precisión y autoridad de Dios para declarar, enseñar, revelar, anunciar e interpretar todo acerca de los juicios con trasfondos históricos, aplicaciones actualizadas y para los tiempos futuros de corto y largo alcance.

Toda nueva declaración profética en nuestros tiempos será una afirmación o confirmación de lo ya fue declarado antes por las sagradas escrituras. Es muy importante aclarar que Dios se ha provisto de profetas para estos tiempos y que no hay nada, ni nadie que pueda decirle ha Dios que debe hacer, como lo debe hacer y porque lo debe hacer.

Los profetas de Dios hoy en día han sido provistos para anunciar con exactitud eventos próximos que encajan con lo que ya fue descrito en las profecías bíblicas.
El declarar o creer que el ministerio profético esta inactivo, que no hay profetas y que no necesitamos de los profetas es anticonstitucional a los principios de la FE, el cual tiene sus raíces, bases y columnas en el ministerio profético. Apocalipsis capitulo once explica, corrobora y confirma la vigencia de este ministerio, léase también Apocalipsis 6:9 - 11, 17:6 y 18:24 todos estos capítulos y versos son solo una pequeña muestra de lo que encierra el sufrido llamado al ministerio profético. Así como es anticristiano la postura extrema izquierda de no creer en el ministerio profético para hoy en día, también es del anticristo el movimiento de la extrema derecha de creer en todos los profetas que se auto declaran como profetas de Dios dedicados al ministerio de engrandecer su ego, control, arrogancia y dominio sobre el pueblo de Dios.

Que quede claro ningún verdadero profeta de Dios esta en busca de vanaglorias, vanidades, lujos, riquezas, títulos de nobleza y señorío, los que manifiesten todas estas ambiciones de la vida babilónica son falsos profetas y/o puede ser también que en un tiempo recibieron el don de Dios pero que luego se vendieron, y hoy utilizan el don para descarrilar al pueblo de Dios.

El señor Jesucristo recibió ofertas de riquezas, reinos y gloria de la tierra pero el fue fiel a su llamado, Mateo 4:8-10; Juan el bautista renuncio a todos los privilegios, posiciones sociales y vestiduras finas a las que tenia derecho reclamar y heredar como hijo del sacerdote Zacarías, èl escogió vivir con humildad y anunciar lo que ninguno de sus contemporáneos pudo hacer, Mateo 3, Marcos 1:1-15, Lucas 1:5-80, 3:1-22, Juan 1:19-9.

Balac rey de Moab envío príncipes para sobornar y comprar a Balaam Números capítulos 22, 23 y 24 este cedió a la tentación pero varias veces se le impidió maldecir al pueblo de Dios; este mismo espíritu opera hoy en día en todos los falsos profetas y profetas caídos, ellos están siendo bien pagados para maldecir, confundir y condenar al pueblo de Dios, Apocalipsis 2:14-15 y versos 20-23.

En 2 de Reyes capitulo 5 se describe la historia de Eliseo, Naamán y Giezi, el criado de Eliseo tuvo una incontrolable ambición por reclamar algunas de las riquezas, bienes o tesoros que Eliseo había despreciado de Naamán, su ambición le trajo la maldición de Naamán sobre su cuerpo llenándolo de lepra instantáneamente, tal como fue en aquella ocasión Dios repite por este medio las mismas palabras a todos aquellos que se dicen ser profetas pero que las evidencias muestran enriquecimiento ilícito por los dones concedidos. El don de Dios no es para lucrar y servir intereses personales, todo esto fue condenado y seguirá siendo condenado por parte del autor de todos los dones.

2 Reyes 5:26. El entonces le dijo: ¿No estaba también allí mi corazón, cuando el hombre volvió de su carro a recibirte? ¿Es tiempo de tomar plata, y de tomar vestidos, olivares, viñas, ovejas, bueyes, siervos y siervas? 27. Por tanto, la lepra de Naamán se te pegará a ti y a tu descendencia para siempre. Y salió de delante de él leproso, blanco como la nieve.

TERCERO

Esta fase del ministerio profético es aquella donde el profeta será usado por Dios para revelar o anunciar a personas, individuos o particulares situaciones de carácter personal.

En mi experiencia este tercer nivel es el que más se ha usado y abusado por personas que se autonombran profetas cuando en realidad operan como charlatanes que se inventan lo que dicen o son personas con un espíritu de adivinación y ésta es otra forma de causar división.

Debe pues, tenerse mucho cuidado con el espíritu de adivinación que se ha infiltrado en el pueblo de Dios bajo el nombre de ministerio profético. La palabra de Dios revela que el espíritu de engaño y mentira se desenvuelve libremente donde hay rebeldía, arrogancia, desobediencia y libertinaje, 1Reyes 22.

Este espíritu si se desarrolla y se le da libertad traerá divisiones, divorcios, locura, paranoia, desorden de múltiples personalidades que a su vez son posesiones múltiples, esquizofrenia, hijos abandonados que se encaminan a la delincuencia, cárcel, muerte espiritual y física, Lamentaciones 2:14 Ezequiel capitulo 13 todo, Apocalipsis 2:20-23 Levíticos 20:27.

Un verdadero profeta de Dios podrá ejecutar la primera y segunda prioridad ministerial en todo tiempo, como además también la tercera fase, la cual en la mayoría de todos los casos no será más importante que la primera y la segunda prioridad. Pudiéramos comparar la tercera prioridad a un postre después del menú principal, este es un complemento; el pueblo de Dios necesita profetas que den sustento y no solo postres.

Pastores recuerden que Cristo les ha llamado a ustedes con amor, con compasión, cubriéndolos y protegiéndolos con bondad y misericordia; Cristo les ha revelado y ha hecho entender el precio que El pago en la cruz por ustedes, por favor sean compasivos y den a la novia de Cristo el trato honroso que se merece, si esto fuese mucho pedir y creen que no lo pueden hacer, entonces quizás el ministerio del pastor no es el llamado de ustedes, lo cual los obliga a consultar a El Espíritu Santo y sus expertos para ser evaluados en su cargo y función ministerial Hechos 2:41-47, lo cual podría ser el ministerio profético.

A la iglesia ruego también que se conduzcan como es propio y debido, cuando vean y conozcan a un pastor de Dios no le traten ni se comporten como cuando estaban con esos otros supuestos pastores que se señoreaban de ustedes, esfuércense en conducirse y responder diferente de cómo antes acostumbraban, dejen a un lado los resentimientos y los malos recuerdos, den oportunidad al siervo de Dios de demostrar que él es diferente.

Los verdaderos pastores de Dios hoy en día están escasos, si reconocen a uno cuídenlo, valórenlo, respétenlo, apóyenlo, bendíganlo, como es digno y honroso.

Que estos consejos les ayuden a ustedes amados hermanos a distinguir, percibir y diferenciar quien sirve a Dios y quien busca su propio provecho.

Hebreos 13:17. Obedeced a vuestros pastores, y sujetaos a ellos; porque ellos velan por vuestras almas, como quienes han de dar cuenta; para que lo hagan con alegría, y no quejándose, porque esto no os es provechoso. 20. Y el Dios de paz que resucitó de los muertos a nuestro Señor Jesucristo, el gran pastor de las ovejas, por la sangre del pacto eterno, 21. os haga aptos en toda obra buena para que hagáis su voluntad, haciendo él en vosotros lo que es agradable delante de él por Jesucristo; al cual sea la gloria por los siglos de los siglos. Amén.
Hechos 20:28. Por tanto, mirad por vosotros, y por todo el rebaño en que el Espíritu Santo os ha puesto por obispos, para

apacentar la iglesia del Señor, la cual él ganó por su propia sangre.

Gálatas 5:22. Mas el fruto del Espíritu es amor, gozo, paz, paciencia, benignidad, bondad, fe, 23. mansedumbre, templanza; contra tales cosas no hay ley. 24. Pero los que son de Cristo han crucificado la carne con sus pasiones y deseos. 25. Si vivimos por el Espíritu, andemos también por el Espíritu. 26. No nos hagamos vanagloriosos, irritándonos unos a otros, envidiándonos unos a otros.

1 Juan 4:18. En el amor no hay temor, sino que el perfecto amor echa fuera el temor; porque el temor lleva en sí castigo. De donde el que teme, no ha sido perfeccionado en el amor. 19. Nosotros le amamos a él, porque él nos amó primero. 20. Si alguno dice: Yo amo a Dios, y aborrece a su hermano, es mentiroso. Pues el que no ama a su hermano a quien ha visto, ¿cómo puede amar a Dios a quien no ha visto? 21. Y nosotros tenemos este mandamiento de él: El que ama a Dios, ame también a su hermano.

CAPITULO 8

A PAZ Y GOZO
HEMOS SIDO LLAMADOS

Cuando el esposo y el pastor muestran gentileza con la esposa, hijos e iglesia entre ellos habrá un ambiente de paz, gozo y concordia; la esposa e hijos tendrán el ejemplo para ser recíprocos, practicarán y demostrarán confianza, aceptación, afecto, motivación, apoyo y sobre todo se sentirán seguros; las necesidades de cada uno serán compartidas por los demás, los temas de conversación serán amenos, todos contribuirán soluciones y todos celebrarán el éxito de cada uno pues ese será el éxito de todos y el gozo de Dios reinará en este santuario de paz y armonía.

No existe una iglesia o familia perfecta simplemente porque el hombre en su naturaleza pecaminosa es imperfecto; siempre habrán desafíos y diferencias, pero sin duda una iglesia y familia que están bajo la cobertura de la palabra de Dios y con la guianza de El Espíritu Santo mejorará sus capacidades y avanzará a pesar de los obstáculos y los desafíos serán una oportunidad para ser promovidos a nuevas y más abundantes bendiciones.

Cada individuo tiene su propia forma de pensar y de ser, todas estas diferencias son para complementar y traer balances. Los líderes del hogar son el padre y la madre si entre ellos hay problemas sin resolver estos problemas afectaran primeramente la comunicación esto a su vez traerá distanciamiento, separación y pueden llegar hasta el divorcio; pero los problemas no terminan allí, realmente allí es donde se desencadenaran una serie de eventos problemáticos y complicados que se extenderán a los demás miembros de la familia.

El divorcio es peor que la misma muerte de las personas, en el divorcio las personas no han muerto pero entre ellos hay muros gigantescos, frialdad, indiferencia, rencores, y distancias que son como abismos y tumbas de depresión donde algunos quedan encerrados. Estos abismos se van formando desde el dormitorio de la pareja, crece y se multiplican en tamaño rápidamente, antes que un divorcio se haga legal este ya ha tenido su forma total concebida en el corazón y en la mente de uno o de los dos.

La pareja, familia e iglesia que no se sabe comunicar y que no tienen los mismos ideales estarán en conflicto de intereses constantemente, todo esto solo provocara desconfianzas, temores, resentimientos, agresividad y un ambiente toxico para todos; la arrogancia reinará en ese hogar y en esa iglesia, el anticristo triunfará cerrando todo los medios de comunicación que deberían de funcionar para la reconciliación, el perdón y la restauración.

El padre y la madre deben de sujetar sus interese personales y los intereses de otros para velar primeramente por lo que es conveniente para su hogar o familia. Los padres deben dar prioridad a sus hijos antes que a otros y los hijos deben dar respeto y obediencia a los padres.
Muchos padres hacen elección de su iglesia basado en lo que ha ellos mas les gusta lo cual en muchos casos esto pude ser el tipo de música, mensaje, reuniones sociales, comodidades, distancia o ubicación, lujos, retiros, viajes,

amistades y personalidades. La elección de una iglesia o ministerio debería ser basado primeramente en la capacidad de los maestros, instructores, líderes, pastores y programas educativos que son el fundamento y base para la formación de sus hijos y después todo lo demás. Muchas iglesias se esmeran en un buen programa para la reunión general pero cuando se revisan los programas de formación de niños y jóvenes se encuentra que estos son deplorables e insuficientes. Si los padres cuestionáramos los recursos educativos, el acceso y facilidades a una educación superior para nuestros hijos cuando elegimos una iglesia, estas se esforzarían por ofrecer mejores opciones.

Es anormal que los padres exijan sometimiento y obediencia de los hijos cuando ellos no han dado ese ejemplo de integridad y de sometimiento a los miembros de su familia. Si hay rebeldía entre el padre y la madre habrá rebeldía entre los hijos, los demás grupos de personas no deben ser la razón, ni la excusa para perder la paz que debe reinar en los integrantes del hogar, los cuales son el padre, la madre y los hijos.

La integridad y unidad del ministerio depende del pastor, los discípulos y los ancianos o consejeros de la iglesia y no se debe confundir con los demás miembros de la familia que en este caso es la congregación.

La familia es el núcleo sagrado de convivencia establecido por Dios, los padres estarán en problema con sus hijos y futuras generaciones si estos problemas y diferencias no son resueltos sabiamente, los canales de comunicación deben siempre estar abiertos y los puentes de enlace nunca deben de ser quemados.

La esposa y madre debe siempre dar la honra que el sacerdote del hogar merece para que él pueda ejercer con sabiduría, sin imponer obligaciones o cargas a nadie, la esposa sabia edificara su casa pero la necia estará insegura, insatisfecha, siempre culpando, señalando, acusando, recriminando, recordando el pasado y echándole gasolina a cualquier situación.

La mujer de esta sociedad moderna reclama independencia de sus responsabilidades como esposa y como madre, ellas exigen derechos de igualdad tanto en la fuerza laboral, empresarial y ministerial; hasta que descubre que todo es un espejismo y que la realidad no es como parece y la pintan muchas mujeres del reino babilónico.

Todos estos derechos de igualdad e independencia que reclaman son una espada de doble filo que lo único que hace es ponerles doble carga y muchas más responsabilidades, porque ahora no solo deben desarrollar el papel de madre pero también el de padre que sale a trabajar y que tiene que dejar a sus hijos sin madre y sin padre.

Muchos hombres se aprovechan de todo esto dejándolas y concediéndoles su libertad. La mujer que habla actúa y se conduce como un hombre queriendo luego reclamar que la traten como a una dama se engaña a si misma y se enreda ella sola en cuerdas que le aprietan y la pueden sofocar hasta la muerte; todo esto solo le traerá conflictos internos, temor, dolor, desconfianzas, inseguridades, incapacidades, tropiezos, cargas y limitaciones.

Dios creo a la mujer para ser compañera, para dar apoyo, para proteger y cuidar no con fuerza violenta pero con delicadeza, ternura y mucho amor.

Los hijos que se crecen sin estos cuidados pueden crecer con resentimientos y con vacíos internos que buscaran llenar con placeres, vicios y perversiones.

Educar al varón y a la mujer para que se complementen, son responsabilidad de los padres y de las iglesias o pastores que tienen a su cargo preparar las bases de las futuras parejas y matrimonios sólidos. La falta de estos valores nos conduce a una multitud de gente que no sabe y no entiende lo desubicados que viven y están, lo anormal se ha convertido en la normalidad lo cual a su vez crece, se multiplica como virus reclamando todo derecho.

El hecho que una mujer tenga capacidades, privilegios y libertades concedidas por un esposo comprensible deben ser razones de humildad y agradecimiento y no de arrogancia, altanería y abusos en la relación.
La mujer que no sabe estar sujeta a la cabeza del hogar traerá destrucción, rencores, odios, dolor, división y maldiciones en la familia.
Ser un pastor de Dios es difícil para estos tiempos pero ser una mujer de Dios es el doble de difícil especialmente cuando Satanás sabe que es por ese lado donde puede ser más factible ponerle toda clase de obstáculos al hombre de Dios.

Muchas son las oportunidades que el enemigo presentara a la mujer de Dios siendo la mas común la vanidad, la lujuria, el control o poder a través de la manipulación y la influencia. La mujer de Dios abunda en gracia, hermosura e inteligencia esta fácilmente puede ser corrompida sino hay sujeción a la palabra de Dios y a su marido o padre espiritual.

Todo varón debe ver a su esposa con el respeto y admiración que le debe a su madre y toda mujer debe ver a su esposo con el igual respeto y honra que le debe a su padre, pues el fue llamado a ser su protector, proveedor y consejero; y es desde aquí de donde muchos desordenes se inician, pues muchos varones se crecen con una madre que no quiere ser madre, que no sabe ser madre y muchas niñas se crecen sin padre o con uno que no sabe como ser padre.

El varón y la mujer que desde el principio basan una relación de pareja solo en la diversión y en pasarla bien, pronto descubrirán que su hogar no tendrá los cimientos necesarios para permanecer firmes cuando lleguen las dificultades y adversidades.

Recomiendo a las mujeres tener mucho cuidado con el libertinaje religioso que las hace caer en una corriente de aguas negras que son de muerte de confusión y rebeldía que las llevara de iglesia en iglesia y de evento en evento en donde les impondrán las manos personas que viven en rebeldía y libertinaje ministerial.

La bendición y privilegio más grande que en mi experiencia una persona pueda tener es estar sometido a la autoridad divina delegada por Dios desde un padre, esposo y una madre fiel esposa.

El pastor, el discípulo, el varón de Dios, los hijos y la esposa disfrutaran de amplia cobertura, protección, provisión de recursos, poderes, beneficios, bendiciones, y reconocimientos que traerán promociones si tan solo creemos en la autoridad suprema de nuestro Dios y sus instrucciones en la santa palabra, salirnos de esa cobertura y reclamar independencia solo traerá complicaciones, dolor y maldición.

ROMANOS 5:19 Porque así como por la DESOBEDIENCIA de un hombre los muchos fueron constituidos pecadores, así también por la OBEDIENCIA de uno, los muchos serán constituidos justos. 6:16 ¿No sabéis que si os sometéis a alguien como esclavos para obedecerle, sois esclavos de aquel a quien obedecéis, sea del pecado para muerte, o sea de la OBEDIENCIA para justicia?

1 PEDRO 5:5 Igualmente, jóvenes, estad SUJETOS a los ancianos; y todos, sumisos unos a otros, revestíos de humildad; porque: Dios resiste a los soberbios, Y da gracia a los humildes. 1 PEDRO 3:22 quien habiendo subido al cielo está a la diestra de Dios; y a él están SUJETOS ángeles, autoridades y potestades.

La rebeldía es contagiosa como un virus, solo necesita entrar por uno para que se propague contagiando a muchos, la única protección o inmunidad para no sufrir sus consecuencias son creer en el mensaje de los versos anteriores.

Todo varón, discípulo y siervo de Dios debe estar sometido a la autoridad divina, muchas veces esto será visto como rebeldía, además necesitamos mujeres sabias, prudentes, capaces de enseñar con su ejemplo a las nuevas generaciones, quienes sufren ataques directos - constantes de influencias contrarias a este orden divino.

Una de las bendiciones más hermosas y valiosas que un hombre pueda recibir en su vida es el privilegio de tener una familia y es por consiguiente la peor catástrofes en la vida de un hombre sufrir la perdida de su familia.

En medio de estos dos extremos está la mujer y el hombre que siendo cristianos se pierden en el fanatismo, que pierden la razón encerrándose en contiendas y que traen al hogar su propia destrucción. La mujer sensata edifica su casa, la necia con sus ideas torcidas de independencia sucumbirá. La señal de autoridad y sujeción para la mujer es su padre o madre, puede ser también un hermano, figura paternal que siempre demandará respeto para la dama, pero luego siendo casada lo será el esposo.

Las rebeldes que se salen de esa protección estarán en la mira del enemigo, serán vulnerables a cualquier ataque principalmente de aquellos ángeles caídos que desde los pulpitos y altares se auto elevan y las ven como presas sin ninguna protección.

1 Corintios 11:3. Pero quiero que sepáis que Cristo es la cabeza de todo varón, y el varón es la cabeza de la mujer, y Dios la cabeza de Cristo. 10. Por lo cual la mujer debe tener señal de autoridad sobre su cabeza, por causa de los ángeles.

Discipulado es la práctica de todos los dones y poderes concedidos por Dios a través de su Santo Espíritu y es además la teoría de todos los cursos que un pastor debe estudiar aunque no ejerza el pastorado. Todo padre y esposo es y debe ejercer el pastorado empezando por su hogar; El es el sacerdote que debe guiar, proteger enseñar e interceder por sus más amados, para que sus hijos crezcan con protección y sean muy bienaventurados.

Las jóvenes que se cuiden y se consagren para Dios recibirán el entendimiento y sabiduría para ser mujeres idóneas que valoren, amen, cuiden y sean de complemento a los pastores de Dios.

La iglesia y el discipulado no deben interferir negativamente en la relación de la pareja, ni entre la pareja y sus hijos, si esto surge deben pedir ayuda y si son pastores o líderes consideren delegar el ministerio a alguien más mientras la relación es restaurada y fortificada. Esto permitirá que en el hogar y el ministerio fluya LA PAZ Y EL GOZO de Dios fluya sin interrupción, sin paz y gozo habrá tormentas y tempestades los cuales son indicativos de que desastres y cosas horrendas se aproximan, 1Timoteo 3:1-16.

Este ejemplo del hogar y la pareja es el mismo que se desarrolla en la iglesia o en la familia de Dios. El pastor debe estar en armonía y buena comunicación con los ancianos o consejeros de la iglesia, estos dos a su vez con los discípulos, estos tres con la congregación y todos estos sujetos a Cristo y si esto no se puede alcanzar entonces se generará un ambiente de desconfianza y murmuración que herirá a la congregación.

Muchas enfermedades son causadas por los tóxicos que contaminan la salud del cuerpo y la mente cuando se vive en ambientes de constante opresión y rivalidad. Los jóvenes que viven agobiados en su propio hogar por querer huir de estos ambientes se enfrascan muchas veces con delincuentes que saben aprovechar la situación; las señoritas tienden a refugiarse en relaciones promiscuas y equivocadas de donde a temprana edad salen embarazadas a repetir círculos viciosos y cadenas de maldición generacional.

Estos hogares o iglesias se transforman en nido de víboras en donde el veneno fluirá hiriendo a todos los que estén expuestos a este pecado de la rivalidad; solo el arrepentimiento, la misericordia y el perdón podrán iniciar un proceso de sanidad que conducirá a una vida de PAZ y GOZO. Génesis 3:13 Números 21:4-9 Deuteronomio 32:1-24 – 47 Salmo 58:4 y 140:3 1 Corintios 10:9 2 Corintios 11:3 y Apocalipsis 9:19

El pueblo de Dios que sale de una iglesia herido por rivalidades tiende a contaminar otros lugares con estos males. El pastor debe ser sabio e indagar de donde llegan las personas y bajo qué circunstancias salieron de sus iglesias para poder dedicarles tiempo aparte y ayudar a cada miembro de esa familia en el proceso de sanidad, perdón y reconciliación, si el pastor no hace el tiempo o delega a alguien capaz, sabio y preparado para este proceso de sanidad interior resultará con una iglesia contaminada y afligida por este mal.

Recomiendo a los hermanos que sean sinceros, que hablen claramente y que redacten una carta formal explicando de donde vienen, que esperan y que necesitan de los nuevos pastores, si el pastor no les dedica tiempo o delega a alguien capaz, si no atienden a sus necesidades y descubren incompetencia, ineficiencia pastoral y ministerial quizás ese no sea el lugar más indicado para congregarse, lo mejor seria salir corriendo de allí.

Hermanos no se sorprendan si saliendo de una iglesia se encuentran con otra igual o de peor condición, tengan mucho cuidado pues de esto depende el bienestar, PAZ Y GOZO de sus hogares.

Todas estas diferencias, divisiones o divorcios solo esparcen confusiones y desaliento en el pueblo de Dios, esparcir y confundir son la raíz etimológica de la palabra Babel y Babilonia, Génesis 11:7-9 todo esto sucede en los lugares donde la gente se reúne para retar y desafiar a Dios.

El pueblo de Dios, sus siervos, lideres y pastores están divididos y confundidos, esto trae como consecuencia hogares cristianos divididos y en línea de espera para el divorcio, por otro lado las uniones o matrimonios de personas del mismo sexo van en aumento.

Las nuevas generaciones no saben cómo interpretar todos estos divorcios y tendencias torcidas por lo que la gran mayoría opta por imitar, aceptar y reflejar variadas y múltiples personalidades.

El pecado no tiene freno, los valores de la familia cristiana están siendo pisoteados por los mismos pastores caídos que tienen como responsabilidad cuidar y orientar, pero que con sus actos demuestran que ellos mismos están desorientados y desubicados, si la luz deja de brillar entonces las tinieblas reinaran. Aunque los cristianos vallan todos los días a este tipo de iglesias, aunque se autonombren pastores con las mejores intenciones, la confusión, el desorden y la división prevalecerán en sus hogares, iglesias, pueblos y naciones.

Babel fue la torre alta o pensamiento egocéntrico y competitivo que se quiso levantar y sobresalir en su tiempo, a pesar de que Dios intervino esparciendo y confundiendo a los fundadores de este pensamiento sus consecuencias solo fueron retrasadas porque es hoy y ahora que este pensamiento ha llegado a la cúspide de su intención reinando en todos los sistemas que conocemos.

El "Orden de Dificultades" son las bases con que el mundo babilónico ordena sus ideas y percepciones para competir. El Nuevo Orden Mundial realmente no es nuevo, pero nuevo se le llama a cada principio que traza y marca el final de otro, la Biblia nos lo muestra en una estatua descrita en el libro de Daniel capitulo dos.

La diferencia de los metales, en su tamaño, medidas, peso, colores y brillos; son las bases en que el ojo humano está entrenado para reconocer e interpretar superioridad y debilidad. El imperio babilónico fue transpuesto por el medó persa; este a su vez por los griegos, estos por el romano y todos estos por Cristo Jesús en su primera y segunda venida, Daniel capitulo 2 Salmos 110:1, Hebreos

10:12-14, Santiago 5:7-8, 2 Pedro 1:16, 3:12 y 1 Juan 2:27-29.

2 Tesalonicenses 2:7. Porque ya está en acción el misterio de la iniquidad; sólo que hay quien al presente lo detiene, hasta que él a su vez sea quitado
de en medio. 8. Y entonces se manifestará aquel inicuo, a quien el Señor matará con el espíritu de su boca, y destruirá con el resplandor de su venida; 9. inicuo cuyo advenimiento es por obra de Satanás, con gran poder y señales y prodigios mentirosos, 10. y con todo engaño de iniquidad para los que se pierden, por cuanto no recibieron el amor de la verdad para ser salvos. 11. Por esto Dios les envía un poder engañoso, para que crean la mentira, 12. a fin de que sean condenados todos los que no creyeron a la verdad, sino que se complacieron en la injusticia. 13. Pero nosotros debemos dar siempre gracias a Dios respecto a vosotros, hermanos amados por el Señor, de que Dios os haya escogido desde el principio para salvación, mediante la santificación por el Espíritu y la fe en la verdad, 14. a lo cual os llamó mediante nuestro evangelio, para alcanzar la gloria de nuestro Señor Jesucristo. 15. Así que, hermanos, estad firmes, y retened la doctrina que habéis aprendido, sea por palabra, o por carta nuestra. 16. Y el mismo Jesucristo Señor nuestro, y Dios nuestro Padre, el cual nos amó y nos dio consolación eterna y buena esperanza por gracia, 17. conforte vuestros corazones, y os confirme en toda buena palabra y obra.

Los individuos, familias, corporaciones, naciones, religiones e iglesias que tienen como fundamento las ideologias babilónicas tendrán la tendencia de menospreciar y discriminar a otros buscando siempre ser superiores, más grandes, únicos, increíbles, especiales y más resplandecientes pues de esa manera ellos quieren tener la atención de los demás, estas instituciones son atraídas a los grandes honores, meritos, títulos y todo aquello que tenga que ver con la exaltación y glorificación de su magno ego, Mateo 23.

Jesucristo nos advirtió de esta filosofía, ideología y pecado, Mateo capítulos 5, 6 y 7 y en Mateo 5: 3-12, Jesucristo declaró como bienaventurados a todos aquellos que en la ideología babilónica son los débiles, inútiles, pobres, hambrientos, sedientos e incapaces.

En el mundo nadie quiere ser pobre, nadie quiere llorar pues los que lloran son los niños, las mujeres y los cobardes; en el mundo babilónico la mansedumbre es digna de ser pisoteada; los orgullosos y vanagloriosos se engrandecen y se glorifican ante los humildes; en el pensamiento babilónico debe prevalecer la injusticia pues esta es la que consigue más que los demás, la misericordia entre ellos no existe, un corazón limpio para ellos es sólo digno de burla y menosprecio, el objetivo del anticristo es contaminarlo todo y a todos. Ellos no buscan la paz sino la guerra; ellos deben ser vistos y tratados como dioses, Mateo concluye en el capitulo 7:24-25 que el pensamiento y disciplina de Cristo son el único fundamento que prevalecerá sobre todos los egos y pensamientos que compiten entre sí.

Si ampliamos y relacionamos este específico fundamento, pensamiento y disciplina sobre La Roca que es Cristo, llegamos a la conclusión del por qué es Cristo quien derriba la imagen en el sueño de Nabucodonosor, Daniel 2:43-46 y el por qué Cristo reinará por mil años junto con sus fieles que renunciaron a todas estas ideologías babilónicas.

El fundamento de las ideas o pensamientos babilónicos y anticristianos son desafiantes y compiten por ser concebidas como las más deseables; los mayores productores buscan a traer a los mayores consumidores, estos a su vez tiene como objetivo engrandecer la explotación y degradación, la competencia entre los mercados y los comerciantes más grandes, poderosos y ricos son los creadores por la explotación y esclavitud moderna de los más pequeños, débiles y pobres; siendo todo esto una ilusión de grandeza pues los verdaderos resultados para un grupo como para el otro, son divisiones, divorcios, desavenencias, disoluciones, conflictos, guerras, plagas, tensión, agobio, angustias, múltiples enfermedades, padecimiento, agonías y muerte.

Muchos de estos productores y comerciantes que explotan y esclavizan experimentan la muerte en vida a través de la depresión y desvanecimiento de su propósito o sentido de vivir, irán muriendo poco a poco como consecuencia de enfermedades y males crónicos que el cuerpo y la mente sufren de todos los desbalances químicos y tóxicos que hieren el cuerpo al someterse a estos valores babilónicos; después de llegar a la sima deben procurar mantenerse para no caer en un desplome, después de caer muchos mueren en bancarrota, abandonados en los hospitales psiquiátricos, centros de rehabilitación y en diferentes clases de prisión y de tormento.

Nunca encontraremos en este pensamiento la PAZ y el GOZO de espíritu que solo en el reino de Dios podemos experimentar, la felicidad que en este sistema se puede experimentar será superficial y pasajera.

La necesidad de experimentar significancia o importancia siempre tendrá una medida desbalanceada, siempre será un barril sin fondo o una bestia insaciable que devora y consume el alma de los poseídos por la ambición que los lleva al extremo de la desdicha por querer sobre salir mas que otros pisoteando a quienes se ponga al frente. La mejor prueba de que vives en el reino de Dios es que vives en paz, seguridad y con el gozo del Señor en cualquier lugar y tiempo en que te encuentres.

El ojo y la mente del hombre son enseñados en este pensamiento rival desde sus primeros años escolares hasta los últimos, esta educación solo tiene una intención la cual es ejercitar y explotar todos los sentidos, recursos, privilegios, bendiciones, milagros concedidos por Dios para exaltar el materialismo y el ego de cada individuo.

En Estados Unidos este "orden de valores y dificultades" logró sacar de las escuelas la biblia y sus enseñanzas, encontrándolos como una amenaza y una contradicción a sus reales intenciones; hipócritamente muchos sistemas educativos dieron la bienvenida a otro tipo de enseñanzas permisivas como lo son la promiscuidad, abortos, ateismo, homosexualidad, bisexualidad, adicciones, modas que reflejan el odio, antipatía y muchos otras enseñanzas que solo producen rebeldía, violencia y muerte.

Ruego a todos los educadores en todas partes del mundo a que nunca desmayen en sembrar en las próximas generaciones la buena semilla.

Seguiremos esperando por ese día cuando todos y en todas partes tendrán la fuerza para ejercer la instrucción divina, sin las ambiciones que corrompen y destruyen a nuestras sociedades hoy en día; todo lo que sembremos hoy lo veremos fructificar al cien por ciento aquel día cuando Cristo reine sobre todos y quizás ahora en nuestro tiempo algún porcentaje se nos sea concedido a la medida de fe con que lo sembramos.

La mente y el ojo sometido al temor de Dios e instruido en la sabiduría divina entenderán todos estos conceptos y filosofías del mundo, tendremos la habilidad para saber manejarlos y someterlos a la autoridad divina, la prioridad número uno será siempre los conceptos y valores del pensamiento de Cristo, esta es la única y verdadera autoridad sobre la cual sus siervos viven disciplinados, protegidos y alentados para ver los frutos de una nueva vida.

Moisés, Daniel y Pablo, fueron educados y entendidos en las mejores escuelas de sus tiempos, el profeta Daniel fue testigo de la gran gloria dorada del antiguo imperio babilónico así como también pudo presenciar su caída; lo único que pudo mantenerlo a flote para poder sobre vivir todas las decadencias y corrupción del imperio fue el sometimiento de su educación y sabiduría terrenal hacia Dios esto fue lo que le permitió recibir y alcanzar la enseñanza divina.

Gloria y alabanzas sean siempre dadas a Dios por sus siervos que en todos los tiempos se atreven a desafiar este orden incoherente, manipulador, esclavizante y destructor, leer Daniel capitulo tres.

Jesucristo dijo: la paz os dejo, mi paz os doy; yo no la doy como el mundo la da, no se turbe vuestro corazón, ni tenga temor, San Juan 14:27, leer todo el capitulo. Aunque un ejército se levantare contra mí no temeré, Salmo 27:3 leer todo el capitulo, junto con el capitulo 46, 2 Reyes 6:8-23 mas Isaías 9:6-7; 26:3.

La Paz y el Gozo de Dios son confianza y seguridad en sus promesas; él siervo de Dios sabe que aun la vida misma es una ofrenda diaria y que ésta debe estar lista para ser consumida en olor grato desde el momento en que aceptamos el llamado al pastorado, el temor a las amenazas de muerte son hipotéticas y cuestionables cuando entendemos y vivimos bajo la autoridad de una gran verdad, "la muerte ya fue vencida".

 I Corintios 15:55-57, Isaías 25:8; no hay temor al dolor y al sufrimiento que pueda causar el hombre pues todas las adversidades son oportunidades para avanzar en promociones, dones y premios guardados a los vencedores que juntamente con Cristo han sido crucificados.

Cuando al pastor le ofenden, hieren, insultan, levantan falsos, lo marginan, lo desprecian, le niegan oportunidades, lo envían a la cárcel, le torturan física, mental y espiritualmente todos estos son los procesos que muchos siervos de Dios ya vivieron y que nos dejaron bastantes ejemplos para entender que todo esto es parte del llamado, todas estas pruebas darán a luz y confirmarán lo que realmente hay en este pastor; si este proceso produce hiel en el pastor, es que aún no se encuentra listo para el llamado o no tiene el llamado de Dios. Nuestro Pastor de pastores sufrió y padeció todas estas cosas, El pudo haber llamado ángeles a su defensa, pero el padeció y se entregó como semilla que al ser sembrada germinó, produciendo en su iglesia los frutos necesarios para permanecer firme contra todos los ataques del enemigo.

La falta de paz y gozo en un pastor puede ser por muchas razones siendo la más común el que aun no haya completado su proceso o el que este desubicado pensando que el llamado de Dios consiste en servir a sus comodidades, caprichos, egos e ideas.

Los pastores que tienen como prioridad el querer quedar bien con la congregación se encontrarán con la cruda realidad de que esto es imposible. La prioridad del pastor debe ser siempre agradar a su Señor en todo, puesto que El es quien llama, confirma, capacita y provee los recursos para servir en el reino con sabiduría; luego como segunda instancia servir a los discípulos y a la congregación que aprecien y valoren su primer compromiso.

Las multitudes no pueden ser prioridad, tampoco la fama, la fortuna y las faldas; jamás nada de todo esto debería ser motivaciones en un siervo de Dios, no hay bases para nada de esto en el llamado divino, todas estas cosas son prioridades de los empresarios y comerciantes las cuales tienen un mismo final, tristeza, desánimo, pérdidas, fracaso y muerte sin el premio divino.

Cuando el pastor experimente conflictos en sus prioridades, cuando se sienta acosado o manipulado por personas o agendas que van en contra de sus valores, someta el tema en oración, consulte a otros consiervos, consejeros y ministros de confianza para que le ayuden a corregirse o a reafirmar su posición; escriba, redacte y entregue un comunicado explicando detalladamente su posición y si aun después de ello la mayoría insiste y persiste déjeles saber que no cuentan con su apoyo y aprobación, que si proceden usted quedará libre ante Dios y ante ellos de las consecuencias que sus decisiones puedan traer.

Si este tipo de actitud se repitiera al punto que la rebeldía y la independencia son incontrolables, considere presentar su renuncia y confíe en que Dios cuidara de usted y le abrirá puertas para seguir con su llamado en un grupo que coincida con su visión y sumisión a Dios. Recordemos siempre que Jesucristo fue despreciado en muchos lugares y por muchos grupos, no dejemos que la multitud manipule o dictamine nuestro ministerio, seamos sabios en escuchar, considerar, evaluar y consultar las sugerencias; consideremos siempre delegar la administración a personas idóneas para que usted como pastor tenga más tiempo en la consagración, estudio, discipulado y ministración, los cuales son y deben de ser sus prioridades, pida y revise reportes para que todos estén íntegramente comprometidos.

PAZ Y GOZO de Dios son el resultado de una convicción firme en la fe y al llamado. La tristeza o dolor que experimenta el pastor puede ser en ocasiones el no poder hacer lo suficiente ante las necesidades de los demás, es ver los sufrimientos innecesarios causados por el pecado; en medio de ese dolor Dios el padre, fortalecerá a su siervo dándole un GOZO inexplicable por la oportunidad de ver y de sentir lo que otros no ven ni sienten, lo cual es el mismo sentir de Dios por su pueblo.

El ser parte de la solución y poder estar conectado a los recursos divinos es un sentir sublime que le hace vivir en humildad por poder disfrutar de tan grades privilegios, ver los resultados del arrepentimiento, ver familias restauradas, la sanidad divina y en general ver al pueblo siendo bendecido son el gozo de Cristo en su siervo.

San Juan 16:20. De cierto, de cierto os digo, que vosotros lloraréis y lamentaréis, y el mundo se alegrará; pero aunque vosotros estéis tristes, vuestra tristeza se convertirá EN GOZO. 21. La mujer cuando da a luz, tiene dolor, porque ha llegado su hora; pero después que ha dado a luz un niño, ya no se acuerda de la angustia, por EL GOZO de que haya nacido un hombre en el mundo. 22. También vosotros ahora tenéis tristeza; pero os volveré a ver, y se GOZARA vuestro corazón, y nadie os quitará vuestro GOZO.

Mateo 25:19. Después de mucho tiempo vino el señor de aquellos siervos, y arregló cuentas con ellos. 20. Y llegando el que había recibido cinco talentos, trajo otros cinco talentos, diciendo: Señor, cinco talentos me entregaste; aquí tienes, he ganado otros cinco talentos sobre ellos. 21. Y su señor le dijo: Bien, buen siervo y fiel; sobre poco has sido fiel, sobre mucho te pondré; ENTRA EN EL GOZO DE TU SEÑOR. 22. Llegando también el que había recibido dos talentos, dijo: Señor, dos talentos me entregaste; aquí tienes, he ganado otros dos talentos sobre ellos. 23. Su señor le dijo: Bien, buen siervo y fiel; sobre poco has sido fiel, sobre mucho te pondré; ENTRA EN EL GOZO DE TU SEÑOR.

Juan 16:33. Estas cosas os he hablado para que en mí tengáis PAZ. En el mundo tendréis aflicción; pero confiad, yo he vencido al mundo. 2 Tesalonicenses 1:4 tanto, que nosotros mismos nos gloriamos de vosotros en las iglesias de Dios, por vuestra paciencia y fe en todas vuestras persecuciones y tribulaciones que soportáis.

Mateo 5:10. Bienaventurados los que padecen persecución por causa de la justicia, porque de ellos es el reino de los cielos. 11. Bienaventurados sois cuando por mi causa os vituperen y os persigan, y digan toda clase de mal contra vosotros, mintiendo. 12. GOZAOS Y ALEGRAOS, porque vuestro galardón es grande en los cielos; porque así persiguieron a los profetas que fueron antes de vosotros.

Nadie es perfecto y perfecto solo hay uno, nuestro Señor y salvador. Si el pastor ha cometido fallas dignas de juicio terrenal y divino, arrepiéntase y busque misericordia, si las acusaciones son dardos y asechanzas del enemigo, su abogado defensor saldrá a su encuentro y en su defensa, no tenga temor si va a la cárcel o en el mundo le hacen pagar una condena injustamente RECUERDE que El profeta Daniel estuvo en el foso de los leones, el apóstol Juan fue condenado pero en ambas ocasiones Dios intervino y el fruto producido fueron revelaciones y mensajes que han durado por generaciones para el mundo entero hasta el día de hoy. Dios cumplió su propósito en aquellos siervos y Dios cumplirá su propósito en usted no importando la condición negativa en que se encuentre, mi oración y ruego por usted le sea presente y le de fortaleza; en algunas y quizás muchas ocasiones hermano usted enfrentará graves oposiciones, solo recuerde que si pasa la prueba o examen será promovido y si no será reprobado.

Cuando sea promovido, sus adversarios quedaran sorprendidos y todos aquellos que querían verlo destruido no entenderán como tanta adversidad y crueldad contra usted se convirtió en bendiciones y favores divinos, Dios lo levantará con su poder, lo hará retoñar como lo hizo con la vara de Aarón y además será confirmado como un manantial de aguas frescas para los sedientos y necesitados. Reciba aliento en estas palabras, usted es muy amado y estimado ante los ojos de Dios, sus dones, visiones, revelaciones y entendimiento, aumentaran y estos serán adorno en su frente; usted saldrá de estas pruebas con una doble unción y favor de Dios, créalo, espérelo y lo verá.

El gozo inefable de Dios es el resultado de la confianza, fidelidad, bondad, misericordia y paciencia.

El pastor que practica todas estas cosas estará seguro aunque las personas no sean reciprocas, aunque paguen mal por bien y aun a pesar de las traiciones, el siervo de Dios habitará seguro, pues su gozo no es por la fidelidad de los demás, antes bien, es por la fidelidad de Dios para con sus siervos, los cuales harán el bien, lo recto y lo que a Dios le agrada a pesar de las oposiciones, adversidades y maldades.

Apocalipsis 2:8. Y escribe al ángel de la iglesia en Esmirna: El primero y el postrero, el que estuvo muerto y vivió, dice esto: 9. Yo conozco tus obras, y tu tribulación, y tu pobreza (pero tú eres rico), y la blasfemia de los que se dicen ser judíos, y no lo son, sino sinagoga de Satanás. 10. No temas en nada lo que vas a padecer. He aquí, el diablo echará a algunos de vosotros en la cárcel, para que seáis probados, y tendréis tribulación por diez días. Sé fiel hasta la muerte, y yo te daré la corona de la vida.

CAPITULO 9

BONDADOSO CON LAS RIQUEZAS DEL REINO

Uno de los regalos más preciosos que alguien pueda dar o recibir es la confianza, nadie puede ser en realidad generoso o bondadoso sin brindar confianza, cualquier regalo o presente que se dé sin esta virtud no es un regalo y no tiene en el la sinceridad plena de ser un obsequio de valor, el verdadero pastor ha recibido el don de la bondad porque esa es la llave que abre la entrada hacia las riquezas del reino.

Si alguien da un regalo sin tenerle confianza a la persona que se lo da ese regalo tendrá muy poca significancia, el mejor regalo que puede haber entre parejas y entre padres e hijos siempre será la confianza.

Los tesoros en el reino de Dios son innumerables, la confianza que recibimos y tenemos en Dios no se puede comprar, este don no se recibe porque voy todos los días a la iglesia, no se obtiene porque ofrendo, ayuno, hago vigilias, no es concedido porque soy pentecostés, bautista, denominacional, interdenominacional, internacional, incorporado o independiente.

La confianza se demuestra y se dan en un acto de FE y esta produce sus frutos mejorando la relación, solamente aquel que confía plenamente y que su confianza ha sido puesta a prueba, es merecedor de ese favor y autoridad. La confianza con lleva una autoridad o autorización implícita, que puede ser además declarada y demostrada privadamente y en público.

El titulo de pastor es un titulo público que encierra muchas responsabilidades las cuales deben de ser concientizadas, enumeradas, desarrolladas, supervisadas y contabilizadas. La confianza es el resultado de muchas cosas que en conjunto han llegado a su punto de madurez, esta virtud y don en el pastor de Dios es lo que le permitirá ejercer efectivamente su oficio y profesión, esto es lo que a su vez lo califica para cuidar de discípulos, siervos, ministros, maestros, profetas y nuevos pastores.

Todo don de Dios, todo poder, toda autoridad concedida solo tiene un mismo propósito, el cual es salvación, sanidad del pueblo, reconciliación, restauración y expansión de la autoridad de Cristo sobre la tierra a través de sus siervos, ellos son los que están en constante prueba para que después de la prueba se dé a conocer quienes estarán gobernando juntamente con El a las naciones.

La ejecución integra de los poderes concedidos a los siervos de Dios hoy en este tiempo serán aumentados, magnificados y actualizados para las necesidades del Reino Milenial; estos a su vez, serán actualizados a las necesidades que el siervo requiera después del reinado de mil años, según los cargos, rangos y autoridades sobre las potestades.

El pastor o siervo de Dios que entiende y confía en todas estas verdades, jamás vendería su primogenitura por un plato de lentejas que este mundo y todos los falsos cristos puedan ofrecer. El entender y valorar las riquezas que del reino se le han confiado, sólo puede producir en el siervo de

Dios, el ser generoso, bondadoso, misericordioso, compasivo, paciente, amoroso y fiel.

El pastor de Dios tiene poder y autoridad para reavivar la fe en el desanimado, el poder de Dios a través de su siervo inspira a los oyentes a vivir una vida de gozo en lugar de ceniza y luto, el siervo de Dios puede abrir los ojos de aquellos que no ven y no entienden todos los milagros que diariamente son concedidos; el pastor de Dios puede con autoridad divina hacer libres a todos aquellos que viven en prisiones de culpa y que carecen de libertad por falta de dominio propio, lo cual es libertad en Cristo.

El pastor puede enseñar y ejercitar lo que es paciencia en el pueblo, lo cual traerá abundancia de paz, el Pastor puede dar y sembrar piedad para hacer que se multipliquen los piadosos, el pastor puede dar afecto fraternal para que se desvanezcan los rencores y los odios, el pastor de Dios tiene poder para impartir sabiduría, él puede traer luz a los días obscuros en que viven los oprimidos, claridad e iluminación al entendimiento confundido, quitar vendas de los ojos, quebrar cadenas, abrir cárcel a los presos, arrancar raíces de amargura y deshacer maldiciones generacionales.

El pastor puede dar discernimiento y dirección a la vida que se encuentra en abrumadora confusión, puede infundir valor al que se siente incapacitado y sin razón, el pastor de Dios con una oración o un mensaje puede liberar el propósito divino, aquel que ha sido retenido y obstaculizado por la duda y el temor; todo esto permitirá que las personas puedan ver días gloriosos, de victoria y cumplimiento de grandes promesas.

El pastor de Dios tiene autoridad para orar por los enfermos y que estos sanen, el pastor de Dios tiene poder y autoridad para atar malos espíritus y declarar liberación, el pastor de Dios tiene visión y sueños proféticos de revelación, el pastor de Dios tiene el poder de cultivar semillas que abunden en grandes cosechas milagrosas.

El pastor de Dios es explorador y conquistador de nuevos territorios, de nuevos proyectos y de avanzados niveles, es sembrador de esperanza; El pastor de Dios provoca a que los oyentes vivan sus vidas con compromiso, pasión y significancia, el pastor de Dios puede delegar dones, talentos, poderes, virtudes, habilidades, ciencias, arte y muchos más.

Todas estas fortunas, todos estos tesoros del Reino de Dios están al alcance de él pastor de Dios y él los comparte sin cobrar, sin reclamar, sin demandar, sin amenazar, sin tomar ventajas, sin pisotear, sin abusar; él todo lo entrega y nada espera a cambio, pues lo que comparte no es de él. Todo lo que el pueblo ofrenda y da de regreso no debe ser para la vanagloria y exaltamiento de su ego sino más bien para continuar con El Verdadero Discipulado que glorifica el nombre de Cristo.

Con todas estas riquezas en un lugar ¿quién no va a querer congregarse?, ¿quién será capaz de negarse a regresar y quedarse sin disfrutar de todas estas abundantes bendiciones?

El pastor de Dios que tiene el poder de dar y compartir sin necesidad de demandar, exigir, ni manipular a la congregación, pues del corazón de los miembros saldrá la necesidad de dar y ofrendar y agradecer abundantemente.

La única verdadera necesidad será la de establecer y tener buenos administradores para que en ese lugar siempre fluyan todos estos dones y múltiples bendiciones.

Dios honrará a sus siervos bendiciendo, sanado, restaurando y salvando a su pueblo de miserias, de enfermedades, de limitaciones, de pobreza mental y financiera, el pueblo crecerá en capacidades, habilidades, sabiduría, creatividad, productividad y todos los recursos ofrendados serán para sostener a los levitas, a los discípulos y así multiplicar siervos dedicados, preparados y entregados a su facultad.

Un pastor de Dios obrando, representando con dignidad y honra su llamado y ministerio son el privilegio y la bendición mas grande que la humanidad pueda tener, ellos son ángeles, ministros y representantes de Dios en la tierra.

a) LOS LEVITAS Y LOS DISCIPULOS

Siguiendo con el tema de la bondad y las riquezas del reino de Dios es importante recordar que Dios estableció a los Levitas como la única tribu que NO podría reclamar tierras, títulos, herencias, ni propiedades en la tierra prometida.

Los Levitas fueron establecidos como la tribu con la gran responsabilidad de cuidar y velar por que las instrucciones de Dios se siguieran y se cumplieran como fueron delegadas. El diezmo era una imposición sobre toda la nación compuesta por las tribus restantes obligadas a desempeñar trabajos regulares con los que podían comprar, vender, tener ganancias y de las cuales estaban obligadas a pagar el diezmo para sostener a los Levitas.

La bondad de Dios hacia el pueblo se tornaba en una bondad reciproca del pueblo hacia los Levitas, quienes a su vez eran la llave para que los caudales de bendición siguieran fluyendo sin tropiezos.

El diezmo fue una obligación en aquel entonces para cumplimiento de la Ley, Jesucristo cumplió con todas las obligaciones de la ley ofrendando su propia vida, para que hoy todos vivamos libres de la ley y mandatos exigidos por hombres respecto a la obligación de diezmar, la única obligación que podemos aceptar es aquella que nace de nuestro corazón como gratitud por todas sus bondades, provisiones y amor.

Solamente aquel que confía en Dios y que vive en esta libertad debería de ejercitar con amor esta responsabilidad, pero aclaro que hoy en día nadie debe de diezmar, ni de ofrendar por obligaciones y manipulaciones impuestas por los hombres de negocio que se autonombran pastores.

Esta orden de los levitas fue establecida por Dios en el Antiguo Testamento y en el Nuevo Testamento es Jesucristo El Sumo Sacerdote quien abre la oportunidad de esta disciplina a través de sus discípulos extendiéndola tanto a los judíos como a los gentiles en todas partes, todos ellos deben estar dedicados al aprendizaje, ejercicio y cultivo de esta disciplina.

Los líderes cristianos actuales, están en la obligación de consagrar sus vidas y recursos a la edificación de este magnífico mandato.
Daniel 7:13-14, Malaquías 1:11, Lucas 10:22, S. Juan 5:20-30, 17:11-12, Romanos 14:9-11, 2 Tesalonicenses 1:11-12 y Filipenses 2:8-10.

Sn Mateo 28:18. Y Jesús se acercó y les habló diciendo: Toda potestad me es dada en el cielo y en la tierra. 19. Por tanto, id, y haced discípulos a todas las naciones, bautizándolos en el nombre del Padre, y del Hijo, y del Espíritu Santo; 20. Enseñándoles a que guarden todas las cosas que os he mandado; y he aquí yo estoy con vosotros todos los días, hasta el fin del mundo. Amén.

Apocalipsis 17:14. Pelearán contra el Cordero, y el Cordero los vencerá, porque él es Señor de señores y Rey de reyes; y los que están con él son llamados y elegidos y fieles.

Antes que el destructor llegara a destruir el primer templo en el antiguo testamento, el pueblo ya había descuidado la orden de cuidar El Pacto Levita; todas las instrucciones de ese discipulado se habían corrompido y lo mismo sucedió con la destrucción del segundo templo, todo esto exigía una purificación extrema.

La segunda venida de Cristo es precisamente eso, es la señal de que una purificación extrema es necesaria para limpiar la pudrición y corrupción dentro del pueblo de Dios.

En estos tiempos existe una iglesia que se profesa santa y escogida, ella la que se cree inmune a todo juicio, esta iglesia peca con libertad en los altares, esta iglesia habla de haber recibido el bautismo y los dones del Espíritu Santo para luego venderlos y negociar con ellos por placeres y vanaglorias de este mundo.

Esta iglesia Cristiana Evangélica vive muy segura de que la gran ramera es la iglesia católica sin darse cuenta que dentro de ella misma se han cometido muchos de los mismos pecados por los que El Vaticano será consumido.

Muchos líderes dentro de la Iglesia Evangélica fueron redimidos igual que Saúl el primer rey de Israel, este también fue ungido y pecó en gran extremo asesinando a los sacerdotes y sus familias, persiguió, atormentó y afligió la vida del que traía la fresca unción, David.

La historia se repite, así como Saúl consultó con espíritus de falsedad y engaño, así están muchas iglesia hoy en día, infestadas de espíritus de falsedad y mentira, obstruyendo la nueva y fresca unción entre los creyentes y las siguientes generaciones, interponiéndose así en las nuevas promociones, obstaculizando todos los procesos de salvación y restauración, 1 Samuel capítulos 15:23, 18, 19, 22:16-21 y Apocalipsis. 18:23

S Juan 5:22. Porque el Padre a nadie juzga, sino que todo el juicio dio al Hijo, 23 para que todos honren al Hijo como honran al Padre. El que no honra al Hijo, no honra al Padre que le envió.

El peor enemigo que tuvo David no fueron leones, osos, gigantes, filisteos, ni fieras, pero si lo fue su propio rey Saúl.

Este tenía que cuidarlo, enseñarlo, guiarlo y prepáralo, no lo hizo, por celos, envidia, egoísmo, orgullo, avaricia y traición al llamado de Jehová Dios. De este modo, el peor enemigo de la nación de Israel no fueron las otras naciones sino sus propios líderes espirituales y sus reyes en decadencia, el peor enemigo de los discípulos y llamados por Dios al ministerio hoy en estos tiempos, son sus propios líderes espirituales, los pastores caídos, ellos son:

"El Enemigo Entre Nosotros".

El pacto levita comienza con el nacimiento de Leví, Génesis 29:34; este pacto se revela con Moisés, quien era de la tribu de Leví, Éxodo capitulo 2. Inmediatamente después de la salida de Egipto toda la tribu es posicionada, apartada y promovida por demostrar carácter y compromiso sobre todos las demás tribus, Éxodo 32:25-39.

La tribu es formalmente santificada para el servicio en Números 2:33-34 y los capítulos 3 y 4. Todo el libro de Malaquías es una querella declarando los cargos en contra del pueblo de Dios y estos reclamos son seguidos de sentencias por haber corrompido EL PACTO DE LEVI.

Malaquías 2:8. Más vosotros os habéis apartado del camino; habéis hecho tropezar a muchos en la ley; habéis corrompido el pacto de Leví, dice Jehová de los ejércitos. 9. Por tanto, yo también os he hecho viles y bajos ante todo el pueblo, así como vosotros no habéis guardado mis caminos, y en la ley hacéis acepción de personas.

Si el evangelio, los pastores, ministros e iglesias son mal vistos, es solamente por dos razones; Primero, están cumpliendo y haciendo todo lo que deben de hacer delante de Dios; ejemplo: Jesucristo y sus discípulos. Segundo, es porque no están haciendo y cumpliendo con lo que deben de hacer delante de Dios; ejemplo: Malaquías 2:8-9.

La primera causa y razón son abundantes bendiciones y la segunda abundantes maldiciones. En la primera causa los lideres entienden y aceptan los sacrificios y se entregan al llamado para bendición del pueblo, en la segunda los lideres no aceptan sacrificarse ellos pero entienden que para su vanagloria deben sacrificar al pueblo, Deuteronomio capítulos 6 y 28 y 2 Timoteo capitulo 3, toda esta querella se amplía con detalles a través de los profetas menores y mayores del antiguo testamento y es Jesucristo quien viene a restaurar este llamado NUEVO PACTO a través del discipulado.

El libro de Apocalipsis es la revelación profética en el nuevo testamento que básicamente resume la nueva querella contra los pastores y la iglesia por quebrantar EL NUEVO PACTO.

Los juicios son dictaminados tanto a los pastores como a la iglesia por haber caído y abandonado ese nuevo compromiso, este NUEVO PACTO. La maldad se ha multiplicado en el mundo pero lo inaceptable delante de Dios es la abundancia de esta misma maldad entre sus hijos, sus siervos que usan y abusan de lo consagrado para multiplicar esta maldad. Jeremías 31:31-33; el verso 34 trasciende el nuevo pacto del Reino Milenial, Jesucristo lo confirma en Mateo 26:26-29 Marcos 14:22-25, Lucas 22:14-20, 1Corintios 11:23-32, y 2 Corintios 3:6 (leer todo el capitulo), Hebreos todo el capitulo 8 y 9.

Dios quiere ver UNA MEGA EDIFICACION y consolidación del DISCIPULADO en su pueblo.
Los mega-ministerios y todos aquellos con recursos tienen la oportunidad de redimirse y reconciliarse sirviendo a la educación y formación de esta disciplina en el pueblo, no se trata de servir solamente a las familias que pueden pagar por estos servicios en donde muchos jóvenes están por

obligación; se trata de abrir la oportunidad y recursos a todos aquellos que tienen el llamado pero que no pueden pagar, no pueden auto sostenerse, ellos quieren servir ministerialmente con capacidad y educación porque les nace del corazón, tienen la voluntad, el deseo y el llamado para hacerlo.

Ofrecer becas de un término o becas completas, podría ayudar significantemente a estos siervos a desenvolverse en la teoría y la práctica, donde tendríamos nuevos pastores, profetas, maestros, evangelistas mejor preparados, santificados y de alto calibre para responder a las necesidades y demandas de estos tiempos.

No todos los hijos de los pastores tendrán el llamado para ser pastores, pero si es justo que los hijos de los pastores, todos los niños y jóvenes de la congregación tengan acceso a una excelente educación y disciplina que les enseñe a someter los valores babilónicos a la autoridad de Cristo, todos estos son los poderes otorgados para un pastor y un ministerio que realmente cuida del pueblo de Dios.

Hay otros poderes que serán concedidos cuando los fieles sean promovidos, lo que sí es cierto es que la palabra de Dios tendrá cumplimiento.

Entre los discípulos, no todos serán pastores, profetas y sacerdotes; Dios se ha apartado y preparado jueces, gobernadores, agentes especiales y militares para hacer resistencia a todo tipo de maldad en todas partes, estos siervos están funcionando en todas partes y en todos rangos bajo el temor de Dios, ellos enfrentan todos los días muchas clases de ataques; el pastor debe ser sabio en identificar a estos siervos que representan los intereses del reino en diferentes formas y niveles, debe interceder por ellos y ofrecerles todos los recursos y apoyo espiritual para que puedan seguir firmes,

Dios gobierna a través de ellos con vara de hierro, esto es justicia y equidad para su pueblo; lo que no podemos permitir en ningún momento es que los impíos con avaricia quieran venir a gobernar al pueblo de Dios disfrazados de pastores.

El pastor de Dios no busca enriquecerse de las cosas materiales que perecen, estas vienen por añadidura. El ser bondadoso con bienes materiales tiene su límite, grande es el dolor y sufrimiento de aquellos que pierden sus riquezas y que quedan sin nada.

Bienaventurado es el pastor que busca el reino de Dios y su justicia, pues él tiene eternas y abundantes riquezas que de Cristo recibe para compartir generosamente, sin tener temor a escasear o perder, pues no son suyas propias, todas estas son y pertenecen al Reino sempiterno.

Daniel 4:34, Efesios 1:1-23 y 2:4-7, Colosenses 1:9-21, 1 Timoteo 6:9-19.

2 Pedro 1:4. Por medio de las cuales nos ha dado preciosas y grandísimas promesas, para que por ellas llegaseis a ser participantes de la naturaleza divina, habiendo huido de la corrupción que hay en el mundo a causa de la concupiscencia.

2 Corintios 7:1. Así que, amados, puesto que tenemos tales promesas, limpiémonos de toda contaminación de carne y de espíritu, perfeccionando la santidad en el temor de Dios.

Hebreos 10:19. Así que, hermanos, teniendo libertad para entrar en el Lugar Santísimo por la sangre de Jesucristo, 20. por el camino nuevo y vivo que él nos abrió a través del velo, esto es, de su carne, 21. y teniendo un gran sacerdote sobre la casa de Dios, 22. acerquémonos con corazón sincero, en plena certidumbre de fe, purificados los corazones de mala conciencia, y lavados los cuerpos con agua pura. 23. Mantengamos firme, sin fluctuar, la profesión de nuestra esperanza, porque fiel es el que prometió. 24. Y considerémonos unos a otros para estimularnos al amor y a las buenas obras.

Isaías 32:8. Pero el generoso pensará generosidades, y por generosidades será exaltado.

Colosenses 1:1-29 Apocalipsis 22:1-7 Hebreos 6:1-20 y 7:1-28 (7:22. Por tanto, Jesús es hecho fiador de un mejor pacto.) San Juan 14:11-14 capítulos 15 y 16.

CAPITULO 10

CON TODA TU MENTE

Mateo 22:36. Maestro, ¿cuál es el gran mandamiento en la ley? 37. Jesús le dijo: Amarás al Señor tu Dios con todo tu corazón, y con toda tu alma, y con toda tu mente. 38. Este es el primero y grande mandamiento.

Marcos 12:30 Lucas 10:27, Deuteronomio 6, Jeremías 17:10 y 31:33, 1 Corintios 1:10 y Tito 1:15.

La fidelidad nos llevara a un descanso de los conflictos mentales por las ideas competitivas y los egos que están en constante contrariedad a la luz y verdad de Dios, al pastor se le permite ver, entender, crecer, avanzar y atesorar las maravillas del reino; la mente renovada ha pasado por el proceso de desaprender, dejar viejos rudimentos a un lado para adaptarse y sincronizarse a la mente de Cristo, esta nueva, limpia y actualizada mente será capaz de concebir ideas y pensamientos maravillosos, sublimes, gloriosos e infinitos, inspirados por El Espíritu Santo; entiéndase que es simplemente la misma computadora o mente pero que ahora funciona limpia de los virus que afectaban su capacidad y funcionalidad, el de ser un pastor firme y bien revestido.

Jesucristo dejó la promesa de que un día nuestra mente y pensamiento serían total y plenamente transformados y completamente nuevos. Todo esto se puede entender fácilmente si lo comparamos al ejemplo de lo que es dejar una computadora arcaica.

Jesucristo vivió experimentando cien por ciento nuestra humanidad, pero después de su resurrección El dejó a un lado ese vestido o cuerpo mortal por uno inmortal.

La trinidad del hombre esta constituida por el cuerpo, el alma y el espíritu estos tres habitan en uno solo y estos tres tienen una tipificación o co- relación con todo lo que Dios quiso enseñarnos a través del tabernáculo y el templo del antiguo testamento. El lugar santísimo es y representa en el hombre la mente y el pensamiento que esta en comunión y consagración a El.

Hay diferentes campos de batalla y diferentes jerarquías de defensa, Dios designo no a los ángeles, ni tampoco a los arcángeles sino mas bien a los querubines para proteger, guardar, defender la mente, los pensamientos, la sabiduría divina y el pacto eterno con sus siervos.

El enemigo del evangelio fue un querubín protector este desertor conoce y sabe como atacar lo mas sagrado, pero también debe quedarnos claro que las defensas están doblemente resguardadas, todo pastor cuando ha perdido en ese campo de batalla no es por falta de recursos, protección y compromiso por parte de Dios pero es una total traición, sublevación y deserción de los llamados y escogidos en la milicia del reino de Dios.

1 Reyes 6:23. Hizo también en el lugar santísimo dos querubines de madera de olivo, cada uno de diez codos de altura. 24 Una ala del querubín tenía cinco codos, y la otra ala del querubín otros cinco codos; así que había diez codos desde la punta de una ala hasta la punta de la otra. 25. Asimismo el otro querubín tenía diez codos; porque ambos querubines eran de un mismo tamaño y de una misma hechura. 26. La altura del uno era de diez codos, y asimismo la del otro. 27. Puso estos querubines

dentro de la casa en el lugar santísimo, los cuales extendían sus alas, de modo que el ala de uno tocaba una pared, y el ala del otro tocaba la otra pared, y las otras dos alas se tocaban la una a la otra en medio de la casa. 28. Y cubrió de oro los querubines.

Es en este lugar santísimo donde El Espíritu Santo de Dios se revela, comunica, enseña, inspira, hace conciencia, quita la ignorancia y adiestra a sus siervos, leer Hebreos nueve todo el capitulo.

San Juan 14:1. No se turbe vuestro corazón; creéis en Dios, creed también en mí. 2. En la casa de mi Padre muchas moradas hay; si así no fuera, yo os lo hubiera dicho; voy, pues, a preparar lugar para vosotros. 3. Y si me fuere y os preparare lugar, vendré otra vez, y os tomaré a mí mismo, para que donde yo estoy, vosotros también estéis. 4. Y sabéis a dónde voy, y sabéis el camino.

San Mateo 13:10
Entonces, acercándose los discípulos, le dijeron: ¿Por qué les hablas por parábolas? 11. El respondiendo, les dijo: Porque a vosotros os es dado saber los misterios del reino de los cielos; mas a ellos no les es dado. 12. Porque a cualquiera que tiene, se le dará, y tendrá más; pero al que no tiene, aun lo que tiene le será quitado. 13. Por eso les hablo por parábolas: porque viendo no ven, y oyendo no oyen, ni entienden. 14. De manera que se cumple en ellos la profecía de Isaías que dijo: De oído oiréis, y no entenderéis; Y viendo veréis, y no percibiréis.

1 Cor. 15:49. Y así como hemos traído la imagen del terrenal, traeremos también la imagen del celestial.50. Pero esto digo, hermanos: que la carne y la sangre no pueden heredar el reino de Dios, ni la corrupción hereda la incorrupción. 51. He aquí, os digo un misterio: No todos dormiremos; pero todos seremos transformados, 52. en un momento, en un abrir y cerrar de ojos, a la final trompeta; porque se tocará la trompeta y los muertos serán resucitados incorruptibles, y nosotros seremos transformados. 53. Porque es necesario que esto corruptible se vista de incorrupción, y esto mortal se vista de inmortalidad. 54. Y cuando esto corruptible se haya vestido de incorrupción, y esto mortal se haya vestido de inmortalidad, entonces se cumplirá la palabra que está escrita: Sorbida es la muerte en victoria.

La mente de Cristo NO será gobernada por los valores del mundo babilónico, las organización, corporación, o institución cristianas que dejan a un lado los valores disciplinarios de Cristo, estarán en constante conflicto con la palabra de Dios, por tanto estarán obligados a ajustar, modificar y mal interpretar la biblia misma.

El primer compromiso es con Cristo, segundo con sus discípulos y tercero todos los demás. Dios instituyo primero el sacerdocio y luego los levitas para que estos fueran el puente entre Dios y el pueblo, luego vinieron los reyes como algo que el pueblo pidió para estar en conformidad con los demás pueblos y naciones; los valores de cualquier institución o corporación de apoyo ministerial deben estar alineados con este orden de prioridades.

El orden trinitario divino establecido por Dios para la iglesia santa que nació del costado de Cristo son El Pastor, Los Discípulos, Los Lideres o Diáconos quienes deben de cuidar y velar por el pastor y la formación de los discípulos para que estos tres estén cuidando y ministrando al pueblo que es la iglesia. Lo contrario sería la institución, corporación o marca registrada primero y todos los otros alineados para exaltar y glorificar a esta, cuando esto llega a suceder, la disciplina de Cristo será echada fuera y crucificada, en su lugar se implantarán valores que parecerán buenos, pero que son superficiales y de puras apariencias, Ezequiel 13:9-16.

Todas estas apariencias son para que la multitud de seguidores se sientan seguros y confortables; pero son inútiles para la formación de discípulos verdaderos. Los mensajes motivacionales de que todo va a estar bien son superficiales, estos son para la multitud que busca consuelo y que necesita oír precisamente eso, un mensaje de aliento repetido de diferentes formas.

Esta clase de mensajes no forma discípulos pero si es atractivo a las multitudes, 1 Cor.3:1-3 y Hebreos 5:7-14. La leche es el alimento básico para los recién convertidos o recién nacidos, Pedro 2:1-3 esto no es alimento o estructura sólida para discípulos, las iglesias que se enfocan solo en dar viandas o mensajes que apelan a las emociones y sensaciones estarán llenas de niñones que no quieren dejar la leche, no quieren responsabilidades, ni compromisos solo quieren pasarla bien y sentirse bien nada más.

El emocionalismo y sensacionalismo es la principal atracción para los que no pasan de lo mismo, hijos avancen, no queden sembrados en aguas estancadas, sucias y pestilentes donde muchos peces mueren y son devorados fácilmente.

El enemigo tiene todo tipo de anzuelos, uno de estos es apelar al intelecto con conocimiento y sabiduría humana que conduce a promover planes diabólicos de auto destrucción, esta es una de las razones principales por la que los ángeles caídos llegaron a ser vistos como dioses dignos de adoración, reverencia y obediencia por las primeras civilizaciones, porque ellos dieron a conocer a los hombres misterios, secretos y ciencias ocultas que no estaban permitidas y autorizadas por Dios para el hombre; es bajo este conocimiento, instrucciones y primicia que muchos pastores, empresarios, gobernantes, magnates y criminales hoy en día dedican sus vidas a reconstruir Jericó sobre la sangre de sus hijos y a reconstruir torres de babel, mega corporaciones y mega construcciones; incluyendo aquí los mega templos que se llenan de blasfemias y de anatemas en el altar que un día consagraron para lo santo y sagrado. Dios nos advierte a tener cuidado de estas influencias que parecen seducir la mente de muchas personas tanto adentro como afuera de la iglesias, Apocalipsis 2:20-29, Génesis 3:1-6 y 6:1-8 y 2 Pedro 2:4.

La ciencia busca la manera de adaptar o implantar en la mente del hombre capacidades increíbles, el dilema de la tecnología moderna es si se debe implantar toda esta tecnología en el cuerpo del hombre y llegar a robotizarlo o conservar la integridad máxima posible y depender de maquinas con Inteligencia Artificial. Los celulares y tabletas avanzadas son sólo un ensayo para sacar las computadoras de las estructuras de cuatro paredes y adaptarlas al diario vivir fuera de la casa, si la ciencia del hombre puede renovarse y actualizarse de esta manera, mucho más poderoso es Dios para darnos y actualizarnos en un nuevo hombre, en un nuevo cuerpo y en una nueva mente, la capacidad de entender todos los misterios y de caminar con la autoridad de Cristo sobre todos los elementos y materia que nos ayudaran a gobernar juntamente con El, Jesucristo nos fue enviado para creer en su testimonio, que si morimos juntamente con El, juntamente con El seremos levantados para disfrutar de sus riquezas y gloria, 1 Corintios 4:7-18 y 5:1-21.

Dios está dispuesto a contestar todas las preguntas y a satisfacer abundantemente nuestra necesidad intelectual, en su omnisciencia y omnipotencia Él es capaz de enseñarnos mucho mas abundantemente de lo que imaginamos o podemos pensar.

En una semilla de vida concebida por una matriz, Dios ha guardado todos los datos informativos que dieron lugar al color y estilo de su cabello, el color y la forma de sus ojos, el color de su piel, su estatura, sus uñas y todos los entrelazados conjuntos de maravillas que dan forma a nuestra apariencia física. Todos fueron desarrollados y completos en el tiempo preciso de su voluntad perfecta tal como El los programó; esta es la semilla de vida plena en Cristo y parte del plan divino para la humanidad.

El Espíritu Santo es quien mostrará todo lo necesario para nuestro propósito actual, el cual es una preparación o ensayo de su propósito eterno. Jesucristo declaró: "en aquel día no me preguntareis nada" San Juan 16:23, solamente una mente entregada en las manos de Dios puede alcanzar la capacidad para la cual la fue creada.

Ejemplo, una computadora nueva y en buen funcionamiento será increíblemente útil, pero esa misma computadora conectada al Internet nos permite tener acceso e información en diferentes idiomas y en cualquier parte del mundo, así es el pastor y el siervo de Dios conectado al Espíritu Santo, el será mucho más capaz de recibir y procesar todo lo que necesite para cumplir con el llamado.

San Juan 16:11. Creedme que yo soy en el Padre, y el Padre en mí; de otra manera, creedme por las mismas obras. 12. De cierto, de cierto os digo: El que en mí cree, las obras que yo hago, él las hará también; y aun mayores hará, porque yo voy al Padre. 13. Y todo lo que pidiereis al Padre en mi nombre, lo haré, para que el Padre sea glorificado en el Hijo. 14. Si algo pidiereis en mi nombre, yo lo haré. 15. Si me amáis, guardad mis mandamientos. 16. Y yo rogaré al Padre, y os dará otro Consolador, para que esté con vosotros para siempre: 17. El Espíritu de verdad, al cual el mundo no puede recibir, porque no le ve, ni le conoce; pero vosotros le conocéis, porque mora con vosotros, y estará en vosotros.

La mente del hombre está fascinada con todos los poderes sobrenaturales manifestados por Cristo y los hombres de Dios a través de los tiempos sobre la tierra; la capacidad de leer o entender el pensamiento, caminar sobre el agua, atravesar paredes, transportarse inmediatamente de un lugar a otro, auto transformarse, elevarse, suspenderse, dar vista a los ciegos, sanar enfermedades, controlar los vientos, las tormentas, las sequías, el fuego, la lluvia, transformar agua en vino, multiplicar peces y pan, dividir o abrir el mar, levitación de los metales, resucitar a un muerto son conceptos que el hombre en su ciencia está trabajando arduamente hoy en día para entender y poder aplicar; la ciencia ficción de otros tiempos se han convertido en avances palpables que hoy sorprende a la humanidad pero que Dios en su soberanía ya los había anunciado y revelado a través de sus siervos, Daniel 12:4.

Los hombres sabios descritos en el libro de Mateo capitulo dos, venidos del oriente tuvieron la capacidad de entender con precisión el lugar y el tiempo del nacimiento del Mesías, estos no tuvieron la tecnología de radares, de computadoras, calculadoras, celulares, Internet o GPS, sin embargo, su entendimiento y revelación fue capaz de ver, asimilar y entender con exactitud un evento histórico sorprendente y sobresaliente en toda la historia de la humanidad, el nacimiento del Mesías.

Cuando Babilonia esclavizó al pueblo de Israel, muchos hombres temerosos de Dios sabios y entendidos como Daniel, Ananías, Misael y Azarías, fueron forzados a vivir en Babilonia, que queda al oriente de Israel, pero ellos propusieron en sus corazones no contaminarse con las costumbres babilónicas.

Esta disciplina tuvo muchos desafíos y recompensas, estas prácticas y enseñanzas fueron delegadas a sus descendientes como lo describe Deuteronomio 6:1-9 y de estos descendientes que quedaron en oriente vinieron estos sabios y entendidos a rendir honor y gloria a El Mesías, a pesar de esto, muchos estudiosos de la ley en Israel y religiosos de aquel tiempo no vieron, no entendieron, no creyeron y no dieron importancia a la profecía pues vivían venerando el templo y sus costumbres.

Muchos pastores y líderes de la fe, que están contaminados con los valores babilónicos tienen dificultad en creer, ver y entender los anuncios proféticos, muchos de los que hablan y predican de profecía lo hacen con fines lucrativos y artimañas manipulativas, más que para formar discípulos.

Con todos los avances tecnológicos que pudieran ser usados para avanzar y promover han podido más que un interés genuino de la fe y fidelidad pareciera ser que los entendimientos están serrados por la codicia y el materialismo.

Creo cien por ciento que Dios tiene siervos en todos los tiempos que se niegan ha doblar sus rodillas a los dioses ajenos y que El mismo los usa con poder en el tiempo y forma como a El place. Creo cien por ciento como se me ha revelado que en el Reino Milenial todos estos siervos usaran estos poderes manifestados por Cristo para gobernar juntamente con El a todas las naciones, Apocalipsis 1:5-6 y 5:8-10-14 y 20:4-6.

Creo que hay muchos misterios sublimes guardados para los que alcancemos las siguientes promociones y que este tiempo es solamente para probar quienes avanzarán en la próxima recta final. La historia del pueblo de Israel es el mejor ejemplo para que la iglesia esté advertida; el juicio sobre este pueblo fue severo, las oportunidades estuvieron constantemente al alcance de ellos.

El espectáculo y las palabras vacías que carecen del poder de Dios, pero que abundan en ideas comerciales y mercantiles carecen de vida, de crecimiento, de madurez y de un verdadero compromiso con el reino de Dios, todos estos son solo ruido, distracción y entretenimiento que nos desvían del propósito principal, que es el de formar discípulos.

La distracción ha sido siempre una herramienta efectiva del anticristo, un poco de levadura leuda toda la masa. 1 Corintios 5:6-7 y Gálatas 5:8-10. Estos sistemas falsos levantan muros y distancias entre el pueblo y los verdaderos siervos de Dios, ellos fabricarán prejuicios para que el pueblo se mantenga inútil, sordo, ciego y mudo sirviendo intereses torcidos.

La mente prejuiciosa formada y concebida en estas tinieblas fue la que el diablo uso para condenar a muerte al hijo de Dios, fueron los juicios de estos hombres a través de estas mentes malvadas las que lo juzgaron y condenaron como malvado, estos prejuicios son los asesinos de la razón de la salvación, reconciliación y el perdón.

Una mente prejuiciosa no estará indispuesta para aprender de Cristo, pero si estará predispuesta para juzgar, criticar y condenar todo lo bueno que viene de Dios, este tipo de pensamiento busca razones para hacer distinciones entre personas y nunca está en paz, pues vive subyugado al temor de ser juzgado, criticado, devaluado, perder posesiones y títulos; estas mentes son las que murieron en el desierto y no entraron a la tierra prometida, estas mentes morirán en la corrupción que alimentaron y glorificaron, Romanos 1:28-32.

Salmo 24:3. ¿Quién subirá al monte de Jehová? ¿Y quién estará en su lugar santo? 4. El limpio de manos y puro de corazón; El que no ha elevado su alma a cosas vanas, Ni jurado con engaño. (Leerlo todo) Salmos 7:9. Fenezca ahora la maldad de los inicuos, mas establece tú al justo; Porque el Dios justo prueba la mente y el corazón. 10. Mi escudo está en Dios, Que salva a los rectos de corazón. 11. Dios es juez justo, Y Dios está airado contra el impío todos los días. 12. Si no se arrepiente, él afilará

su espada; Armado tiene ya su arco, y lo ha preparado.
13. Asimismo ha preparado armas de muerte, Y ha labrado saetas ardientes. 14. He aquí, el impío concibió maldad, Se preñó de iniquidad, Y dio a luz engaño.

Salmo 51:10 y 119: 36. Inclina mi corazón a tus testimonios, Y no a la avaricia.1 Crónicas 28:9.

Apocalipsis 2:14. Pero tengo unas pocas cosas contra ti: que tienes ahí a los que retienen la doctrina de Balaam, que enseñaba a Balac a poner tropiezo ante los hijos de Israel, a comer de cosas sacrificadas a los ídolos, y a cometer fornicación. 15. Y también tienes a los que retienen la doctrina de los nicolaítas, la que yo aborrezco. 16. Por tanto, arrepiéntete; pues si no, vendré a ti pronto, y pelearé contra ellos con la espada de mi boca. 23. Y a sus hijos heriré de muerte, <u>y todas las iglesias sabrán que yo soy el que escudriña la mente y el corazón;</u> y os daré a cada uno según vuestras obras.

a) LA MENTE DE CRISTO Y LOS TRES NIVELES DEL DISCIPULO

Todo pastor o siervo de Dios enfrentará procesos en su vida que lo llevarán a crecer y a madurar en la fe eterna, el estudio de la palabra y la constante consagración lo llevará a disfrutar de una dimensión espiritual nunca antes vivida; en algunas personas la presencia de Dios será tan fuerte, que el mismo cuerpo se estremecerá, la mente y el pensamiento concebirán visiones y revelaciones nunca antes percibidas, vendrá la iluminación y abundara la claridad del entendimiento.

En este sentido, la lectura de la palabra de Dios será como una máquina del tiempo que lo transportará a vivir, experimentar, sentir y conectar con el pensamiento de Dios transmitido en sus profetas o siervos a través de los tiempos, todo esto entrelazará los tiempos pasados, presentes y futuros, conjugándolos como uno solo, lo cual dará sentido a todas las profecías como piezas de un rompecabezas que representan una sola gran historia; todos los eventos históricos documentados en la biblia encajarán y serán ampliamente confirmados por las diferentes ciencias humanas que estudian todos los eventos históricos de las diferentes sociedades y grupos alrededor del mundo.

PRIMER NIVEL

La primera experiencia de conectarnos con la mente de Cristo en algunas personas se manifestará con mucha emoción, entusiasmo, optimismo, fe, en su espíritu, alma y cuerpo; algunas personas recibirán o sentirán una descarga o corriente divina que puede llevarlos a un éxtasis que los puede hacer danzar, saltar, balbucear, hablar en lenguas, llorar, perder sentido del tiempo, perder la necesidad de comer, beber, dormir; pueden tener visiones y sueños vívidos o elevados a una realidad inexplicable.

Algunos críticos pensarán que las personas que atraviesan la primera fase están ebrias, drogadas o que sufren de algún trastorno mental o emocional, los que no puedan entender y explicar todo esto, se sentirán muy incómodos por aquellos que tengan este tipo de manifestaciones.

Este trayecto no será siempre el mismo para todos, pues cada persona está creada de una forma única e individual, otros experimentarán una calma, paz y tranquilidad irreal o fuera de este mundo; el profeta Elías le llamo "Silbido Apacible" 1 de Reyes 19:12-13, algunas personas no podrán sostenerse en pie, Daniel 10:2-11.

Lo que si es cierto es que todos tendrán en común un entendimiento mucho mas claro de su fe y mejor comprensión de lo que leen en las sagradas escrituras, la presencia de Dios será un colirio en los ojos del creyente que le permitirá tener revelación y visión. Su mente se despertara en áreas nunca usadas; escamas caerán de los ojos y la necesidad de leer, leer y estudiar la biblia se convertirán en una hambre y sed insaciable pues este proceso se disfrutara y será un deleite sin limites.
Leer Juan 5:39, 1 Juan 5:1-21, Daniel 9:21-23, Apocalipsis 3:18 y Hechos 9:17-19.

La Biblia hace referencia de toda estas experiencias llamándola llenura o derramamiento de El Espíritu Santo, Hechos 2:1-21, Joel 2:28-32 y Números 12:6, con madurez y entendimiento iremos comprendiendo que El Bautismo del Espíritu Santo es un revestimiento, una coraza, una protección, un uniforme, el cual nos ayuda y fortalece para avanzar en los siguientes niveles y rangos de efectividad en el ejército de salvación, Efesios 6:10-18.

El bautismo de El Espíritu Santo es fuego y este viene acompañado de pruebas que tienen como intención quemar, deshacer y borrar todas las malas aplicaciones que hemos adoptado del mundo babilónico. Todo esto es necesario para poder avanzar y ser promovidos a los siguientes niveles de crecimiento y madurez, una doble porción.

Algunos serán reprobados y en la mayoría de los casos esto significa volver a empezar, en otras instancias reprobar significará estar fuera de la oportunidad de servir en un ministerio especifico, pero no necesariamente de ser usado por Dios de maneras y formas distintas.

Ser reprobado no necesariamente significa perder la salvación personal, a menos que la persona sea irremisiblemente reprobada por algún anatema espiritual en medio de la prueba, de esto solo Jesucristo autor de la salvación está en la capacidad de juzgar y condenar, ver todo el capitulo de Hebreos 12, Mateo 12:22-32-37,41-45, Marcos 3:27-30 y Lucas 11:14-26, 33-36, 39-44, 46-52. Si alguien profiere juicio y condenación debe estar dispuesto a responder por la salvación eterna de aquel a quien condeno ante el gran tribunal de Dios.

El bautismo de El Espíritu Santo no debe ser visto como una adicción de estupor emocional o la euforia por la que se debe regresar a la iglesia, esta experiencia puede suceder en cualquier parte inesperadamente; tampoco debe ser un vicio de reacciones esotéricas o un culto místico, pues todo esto apartará a los creyentes del propósito divino encerrándolos en un círculo de costumbres, mitos, rituales, tabús y fingimientos. Algunas personas pensarán que las manistesaciones del bautismo del Espíritu Santo se puede fingir o imitar, pero no debe de ser así; otras personas pueden llegar a sentir algún tipo de repugnancia y desprecio a las manifestaciones fingidas y también puede ser posible que halla desprecio a estas manifestaciones cuando estas son reales y verdaderas, en este caso pudiera ser por falta de educación y comprensión de lo desconocido o simplemente celos y envidia de los dones espirituales.

El propósito de Dios es sembrar y activar una semilla del cielo con crecimiento y capacitación divina en este cuerpo de carne y huesos para darle una experiencia gloriosa y así abonar la semilla con propósito eterno, para que antes que lleguen las pruebas y desánimos todos tengan el revestimiento, protección, salida y respuesta a los exámenes de este grado que se debe pasar idealmente con méritos y honor.

Un corazón y una mente que está divagando, fluctuando en doble pensar atrasará y/o se apartará de su propósito, los fracasos, caídas o dudas son parte del proceso de aprendizaje y madurez en la formación del discípulo que busca calificar a la posición de ser pastor o siervo del pueblo de Dios. Teniendo esto en mente, el pastor o ministro debe estar siempre consiente que aún después de haber calificado y tomado el pastorado, como humano puede cometer errores, pero lo más importante es conservar la humildad ante El Señor para que él pueda corregir, perdonar, sanar y restaurar.

En el descanso, en la meditación y en diferentes sucesos de la vida que aplican, Dios revelará nuestras fallas y las áreas que debemos fortalecer, mejorar y entregar, Salmos 16:7.

El profeta Daniel nos da ejemplo con su vida de cómo es importante siempre y en todo tiempo presentarnos con humildad pidiendo perdón por nuestros pecados y por los del pueblo. Como sacerdotes de Dios es nuestro deber y obligación vivir en esa conexión con la mente y pensar de nuestro sumo sacerdote, quien también intercede por nosotros, Daniel 9:3-8, 15-21.

Mateo 3:11. Yo a la verdad os bautizo en agua para arrepentimiento; pero el que viene tras mí, cuyo calzado yo no soy digno de llevar, es más poderoso que yo; él os bautizará en Espíritu Santo y fuego. 12. Su aventador está en su mano, y limpiará su era; y recogerá su trigo en el granero, y quemará la paja en fuego que nunca se apagará.

SEGUNDO NIVEL

En esta segunda fase de concesión con la mente de Cristo y su reino, la carne, pasiones y deseos estará en angustia, desesperación, abnegación, abatidos, llenos de temor, pánico, depresión, sin esperanza, algunos querrán renunciar o habiendo renunciado parecerá y sentirán como que todo ha terminado.

Los profetas y los patriarcas experimentaron todas estas angustias, Moisés, Job, David, Elías, Isaías, Jeremías y los discípulos vivieron todos estos quebrantos, agonías y desilusiones. Números 11:11-15, Job 10:1, 1Reyes 19:1-5, Marcos 16:4-14, Juan 16:31-33 y 20:15-21, Romanos 6:6 y 2 Corintios 4:10-11.

Es necesario experimentar la muerte de nuestras pasiones, deseos carnales y de nuestro ego para poder llegar a conocer la etapa de la resurrección o revivificación de nuestro espíritu por el poder de Dios que opera en nosotros para su honra y gloria en este tiempo, esta es la preparación para el tiempo venidero, su reino de mil años.

No es fácil sentirse abandonado por todos y en momentos hasta por Dios mismo, pero será muy glorioso cuando veamos como Dios envía a sus ángeles a nuestro rescate, supliendo, cuidando, protegiendo, guardando y consintiendo como un padre amoroso que festeja por nuestros avances y victorias. Todo terreno ganado en lo espiritual trae consigo unción, dones y galardones que en muchos casos son irrevocables.

Todo lo que sabemos, conocemos y hayamos aprendido será puesto a prueba, todo lo que entendimos en teoría será traspuesto y aplicado a una práctica mucho más exigente, la comprensión de cada lección será renovada, mejorada y actualizada. Cristo dijo a sus discípulos que era necesario que el muriera y a pesar de que le oían no le entendían, cuando él fue crucificado ellos pensaron que todo había terminado, pero en realidad allí era cuando comenzaba el llamado para ellos.

El Nuevo Comienzo los forzó a caminar y a ejercitar el pensamiento de Cristo, a tomar las iniciativas y decisiones como cuando El literalmente caminaba con ellos, la teoría y el ejercicio fue promovido a una práctica diaria en sus ministerios para enfrentar el orden de dificultades ejecutado por el nuevo orden mundial romano de aquella época.

ROMANOS 7:4. Así también vosotros, hermanos míos, habéis muerto a la ley mediante el cuerpo de Cristo, para que seáis de otro, del que resucitó de los muertos, a fin de que llevemos fruto para Dios. 5. Porque mientras estábamos en la carne, las pasiones pecaminosas que eran por la ley obraban en nuestros miembros llevando fruto para muerte.

Gálatas 2:19. Porque yo por la ley soy muerto para la ley, a fin de vivir para Dios. 20. Con Cristo estoy juntamente crucificado, y ya no vivo yo, mas vive Cristo en mí; y lo que ahora vivo en la carne, lo vivo en la fe del Hijo de Dios, el cual me amó y se entregó a sí mismo por mí. 6:14 Pero lejos esté de mí gloriarme, sino en la cruz de nuestro Señor Jesucristo, por quien el mundo me es crucificado a mí, y yo al mundo.

TERCER NIVEL

En este tercer nivel se considera que el hombre con sus afanes, pasiones y deseos menguará o será reducido a algo insignificante, no desperecerá del todo pero si será totalmente transformado en la resurrección que sucederá con la segunda venida de Cristo, porque fue en el tercer día en el cual Jesucristo resucitó y nosotros juntamente con El seremos transformados a su imagen actual, de donde El es el primero de muchos.

El primer bautismo *de agua* es el llamado para arrepentimiento y este es para salvación. El segundo bautismo es el *de fuego* este es para confirmar el discipulado o el llamado ministerial, ésta es la profesión que sella la especialidad ministerial a la que todo siervo ha sido llamado. El tercer bautismo es el *de sangre* y este proceso es el que nos despojara de este vestido o cuerpo mortal para habitar en una nueva casa sin relación a la carne y al pecado.

El pastor de Dios y todos sus siervos serán experimentados en el quebrantamiento de todo ego, orgullo y vana gloria; muchas personas que estorban este propósito serán quitadas y alejadas de nuestras vidas y esto dará lugar a lo sublime, maravilloso y glorioso que es el ver la salvación, restauración y sanidad del pensamiento en otros, esto es dejar a las multitudes por acercarnos a los llamados al ministerio, "los discípulos",

El pastor que no está discípulando, que no está preparando y enviando siervos confirmados, capacitando y proveyendo recursos necesarios solo está entreteniendo un puesto y una audiencia; este no es un verdadero pastor, este es un mantenido por gente inocente que no sabe o entiende la diferencia entre uno y el otro, un pastor es promotor de pastores. Efesios 1:17-23 y 2:6-7, Colosense 2:11-12. 1Juan 5 todo el capítulo.

1Juan 5:4. Porque todo lo que es nacido de Dios vence al mundo; y esta es la victoria que ha vencido al mundo, nuestra fe. 5. ¿Quién es el que vence al mundo, sino el que cree que Jesús es el Hijo de Dios? 6. Este es Jesucristo, que vino mediante agua y sangre; no mediante agua solamente, sino mediante agua y sangre. Y el Espíritu es el que da testimonio; porque el Espíritu es la verdad. 7. Porque tres son los que dan testimonio en el cielo: el Padre, el Verbo y el Espíritu Santo; y estos tres son uno. 8. Y tres son los que dan testimonio en la tierra: el Espíritu, el agua y la sangre; y estos tres concuerdan. 9. Si recibimos el testimonio de los hombres, mayor es el testimonio de Dios; porque este es el testimonio con que Dios ha testificado acerca de su Hijo.

CAPITULO 11

LOS MENESTEROSOS Y
LOS MISERICORDIOSOS

Existen dos grupos de menesterosos, todo pastor y siervo de Dios debe entender esta diferencia, uno de estos es dócil como una oveja y el otro es alebrestado como una cabra montés.

El primer grupo de menesterosos ha vivido por generaciones bajo el yugo babilónico, muchos sufren de trastornos mentales que se proyectan a muchas y diferentes realidades, estas a su vez son personalidades trastornadas por las agresiones del pecado que otras personas han cometido en contra de ellos y que ellos han cometido en contra de sus víctimas, como consecuencia todo esto los llena de amargura, confusión, división, falta de aceptación y perdón de ellos mismos para con ellos mismos y para con otras personas, ellos no tiene confianza en otras personas y muchas veces carecen de confianza en ellos mismos.

Este grupo no debe ser confundido con los menesterosos que tienen temor y confianza en la palabra de Dios. Los menesterosos que salieron de la esclavitud de Egipto y murieron en el desierto son diferentes a los menesterosos que entraron a la tierra prometida y que Jesucristo vino a ministrar en su primera venida.

El primer grupo vivió por muchos años sin leyes que les instruyera y guiara en el temor de Dios, el segundo grupo sí tuvo ese don. En el primer grupo de menesterosos se encontrarán muchas personas que han vivido en pecado, haciendo lo malo y acostumbrados a la maldad.

Estos sufren constantemente secuelas y acumulan maldición sobre maldición por varias generaciones, hasta el día en que alguien entre ellos se dispone a buscar el socorro divino con sinceridad, entre el primer grupo muchos pierden toda sensibilidad al dolor, a la pena, vergüenza, no tienen interés por la sanidad del alma, estos viven día a día como muertos en vida, consumen la vida, la pureza, la alegría, dicha y felicidad de otros y destruyen todo lo bueno que encuentran a su paso.

Algunos menesterosos encuentran refugio en la soledad, en vicios, en la religión, en diferentes grupos sociales de superación personal que pueden ser iglesias donde se involucran en actividades para superar mentiras, maldades, desilusiones, dolores y heridas profundas del alma. En varias ocasiones este grupo de personas menesterosas si no se les ayuda a sanar espiritualmente fácilmente se encontrarán cometiendo los mismos pecados y agresiones en contra de otras personas que serán vistas como la imagen o representación de aquellos que una vez les lastimaron.

Lo equivoco y torcido se hace cada vez más popular que lo recto, lo bueno y verdadero; los valores bíblicos se han convertido en algo pasado de moda según la opinión popular. Estos son tiempos y espacios arrevesados, no es la cabeza la que dirige los pies, son los pies los que gobiernan y dirigen la cabeza de muchas personas que corren y van en todas direcciones buscando respuestas y soluciones a todos los desordenes mentales, conflictos espirituales, familiares y sociales en que se encuentran enfrascados, 2Timoteo 4:1-4. Otros pies sólo se apresuran al mal y a derramar sangre, es allí donde la maldad se convierte en un sedante, en un vicio o adicción que cauteriza los sentimientos y neutraliza los sentidos de las personas que viven estas crudas realidades; estos son agobiados por las aflicciones y tormentos causados por sus verdugos espirituales.

Estas personas no creen en Dios pues por varias generaciones ninguno entre ellos le ha querido conocer, para ellos no hay explicación, ¿Cómo puede existir Dios en este infierno real grotesco de ficticias llamas que arden y hieren atormentando en la realidad? Isaías 59:7 leer todo el capitulo.

El ver como la gente vive en angustias y desesperación hace clara la realidad del capitulo nueve de Apocalipsis, en muchas partes del mundo la gente sufre estos tormentos. En tiempos pasados muchos ya han experimentado estas angustias, pero nada se compara con el día que viene y se acerca, cuando no quede un solo discípulo fiel y verdadero en cada ciudad, pueblo y nación, la maldad se multiplica y se ensañara en contra de todo lo que quede, Apocalipsis 6:9-11.

El menesteroso es aquel que carece de capacidades y recursos, ellos viven en escasez, limitaciones y pobreza; en términos espirituales estos son pobres de espíritu, algunos no tienen esperanza, gozo, paz, no sabe perdonar y dar misericordia, ellos carecen de instrucción, formación, educación y disciplina espiritual.

La esperanza que poseen y manifiestan es la del poder material y no espiritual, ellos buscan ayuda y oportunidades para avanzar en sus conquistas. Si tienen que destruir a alguien para lograrlo lo hacen y no lo piensan mucho. Ellos son prácticos en hacer ventas y negocios en cualquier lugar y de cualquier forma inclusive y si es posible dentro de la misma congregación; ellos buscan escalar, avanzar, ganar influencia, títulos y posicionarse como líderes, maestros y pastores. En algunos casos estos procesos pueden llevar mucho tiempo pero también son posibles los resultados rápidos.

Muchas personas encuentran en la iglesia un refugio a las tempestades que viven día a día en sus hogares y círculos sociales en los cuales pasan la mayoría del tiempo, ellos no pueden dedicar un tiempo y compromiso completo a su sanidad espiritual la cual depende de pastores idóneos y de una alta capacitación del liderazgo ministerial.

La eficacia del proceso tendrá tropiezos si la palabra sembrada es ahogada por los espinos que simboliza la falta de cuidado al trabajo inicial. Los tropiezos y obstáculos que Babilonia acumula en el corazón de todos aquellos que quieren pero no pueden porque los vencen las excusas y las razones que les impide avanzar, son muy reales en las mentes de todos aquellos que aceptan sus limitaciones e incapacidades, Mateo 13:1-9.

Los pastores son manipulados por diferentes influencias, la gente demanda y siempre quiere algo de ellos, especialmente una atención indivisible, algo semejante como aquella que demandan los recién nacidos; algunos menesterosos quieren una oración mágica que dé solución a la vida pecaminosa que viven sin arrepentimiento ni cambios habituales.

Muchos han encontrado en las iglesias palabras "proféticas" que son más baratas que aquellas por las que antes pagaban a los curanderos, adivinos y hechiceros. La gente va por respuestas y soluciones con los pastores de la misma forma que esperan respuestas y soluciones de los chamanes, ellos saben que necesitan una limpia y muchas veces eso es lo único que realmente buscan en la iglesia, alguien que los excuse y dé licencia a su conciencia para seguir pecando, "todo estará bien" Romanos 1:21-31.

En algunas congregaciones los menesterosos quieren tener influencia sobre el pastor, ellos quieren dictaminar cómo, cuándo, dónde y por qué se deben de hacerse las cosas; los pastores por no perder a estas personas de influencia ceden, empujando y sacando a Cristo fuera de la iglesia para adoptar a cristos falsos. Muchos líderes, ancianos y sabios de apoyo para el pastor se encuentran exactamente como se encontraba el sacerdote Aarón cuando demandaban de él un becerro de oro para adorarlo, la falta de la presencia y autoridad de Dios en el pueblo provoca desenfreno y estos corrompen el ministerio y el llamado del pastor, Éxodo 32.

El padre y esposo ama a su manera, justificando su realidad o forma de pensar, la madre y esposa hace lo mismo, los hijos también, todos aman a su manera, todos reclaman derechos, todos ellos están en conflictos y divisiones; lo que es justo para uno es injusto para el otro, todos demandan justicia y todos quieren más atención, muchos cristianos en el camino a la iglesia van discutiendo y cuando van de regreso a sus casas siguen con los conflictos, el amor de muchos se enfría y no es solo en el mundo donde esto esta sucediendo, también sucede dentro de las iglesias y las familias cristianas por diferencias y cuestiones de la fe. Aquellos corazones congelados y engañados por el error extienden la crueldad para exterminar con el amor, la sinceridad y la pureza de sus hijos, dañando así a la próxima generación. El amor y lo que debe ser justo es una irrealidad en la realidad de las leyes que gobiernan a estas familias menesterosas cristianas y no cristianas.

En todas partes hay menesterosos o personas que no encajan y que quieren huir de su realidad, personas que desde su niñez no tuvieron comprensión, aceptación, ellos crecieron entre el rechazo y el abuso, estas personas encontraron en Dios MISERICORDIA, aceptación, perdón y un proceso de sanidad para sus heridas, pero en medio de este proceso algo o alguien les hizo pensar que ellos podían ser pastores y ahora de una forma que solo ellos entienden, ellos se creen y se declaran ser siervos del altísimo autonombrándose pastores independientes sin que nadie los supervise y sin nadie a quien realmente rendir cuentas de lo ¿que hacen?, ¿cómo lo hacen? y ¿por qué?

Es desde un altar en donde ahora estos menesterosos se han convertido en abusadores, marginadores, acusadores y jueces; desde el pulpito ellos justifican todas sus faltas y errores acusando siempre a otros como los culpables;

abusan del pueblo imponiéndoles cargas y sacrificios sin tenerles misericordia, maldicen, abusan y condenan el pueblo al infierno; según ellos su autoridad divina los hace merecedores de toda obediencia y sujeción de los súbditos "los hermanos, la congregación" para complacer sus caprichos, demandas y exigencias. Estos más que pastores caídos, son vaqueros, son salteadores, son actores, oradores, poetas, cantantes, políticos, comerciantes, empresarios, profesionales del engaño, fariseos sepulcros blanqueados y llenos de peste por dentro.

Estas leyes babilónicas son la confusión y división, tal como sucedió en la torre de Babel, todos hablaban y decían pero no se entendían; ésta es la condición del mundo actual y esas influencias han invadido a las iglesias, se han infiltrado y quieren gobernar a los pastores que no tienen idea ni explicación a este flagelo que viven; en la iglesia todos aman a Dios pero los pleitos, divisiones, traiciones, rencillas, acusaciones y rencores abundan de la misma manera que abundan fuera de ella. Las cartas de Pablo a la iglesia de Corinto detallan y aclaran todos los problemas y causas en las iglesias de hoy en día.

Judas 1:23. A otros salvad, arrebatándolos del fuego; y de otros tened misericordia con temor, aborreciendo aun la ropa contaminada por su carne.

b) LOS MISERICORDIOSOS

La Misericordia, es lo único que tiene sentido para este mundo que vive en desesperación, el pastor siervo de Dios debe abundar en MISERICORDIA, este es el don del cual el mundo tiene más necesidad.

El padre de familia como sacerdote principal de su hogar debe abundar en misericordia y nunca actuar con odio, rencor, venganza o maldad por las rebeldías, traiciones y maldad de la esposa y los hijos. Si le toca que sufrir solo todo este dolor tenga por seguro que la presencia de Dios vendrá a fortalecerlo y a consolarle, porque Jesucristo mismo experimento todo esto por amor a nosotros y los que imitan esta compasión y misericordia principalmente a los de su hogar recibirán mucho más abundantemente este favor de Dios. El sello de El Espíritu Santo en sus siervos es y deben de ser todos los frutos y cualidades que aquí se han mencionado desde el principio, principalmente el de ser misericordiosos.

En el mundo no hay misericordia, no hay piedad, ni compasión, entre todos ellos abunda el odio, la sed de venganza, la desesperación por ver al prójimo caído, fracasado, para ellos poder verse y sentirse mejor, para poder así desahogar su dolor y frustración.

Romanos 9:22. ¿Y qué, si Dios, queriendo mostrar su ira y hacer notorio su poder, soportó con mucha paciencia los vasos de ira preparados para destrucción, 23. y para hacer notorias las riquezas de su gloria, las mostró para con los vasos de misericordia que él preparó de antemano para gloria, 24. a los cuales también ha llamado, esto es, a nosotros, 11:30. Pues como vosotros también en otro tiempo erais desobedientes a Dios, pero ahora habéis alcanzado misericordia por la desobediencia de ellos, 31. Así también éstos ahora han sido desobedientes, para que por la misericordia concedida a vosotros, ellos también alcancen misericordia. 32. Porque Dios sujetó a todos en desobediencia, para tener misericordia de todos.

Una iglesia y un corazón donde no hay compasión, ni misericordia es una sinagoga de Satanás que estará llena de temores, desordenes, confusiones, divisiones y muerte.

La Iglesia de Éfeso había dejado su primer amor y la guiaza de El Espíritu Santo, pero ellos seguían funcionando con las bases en un amor fingido lo cual a su vez los hacia depender del intelecto como capacidad para razonar entre quienes podían ser los verdaderos y los falsos apóstoles.

El ataque de ellos venía de ellos mismos, ellos mismos eran sus peores enemigos espirituales por carecer de sinceridad y transparencia en su relación intima con El Dios verdadero que un día conocieron; donde hace falta el amor allí también faltará la misericordia y todo esto generara iras, discordias, pleitos, divisiones murmuraciones y condenaciones, Apocalipsis 2:1-7.

La iglesia de Esmirna sufrió persecución de los judíos que se oponían al cristianismo y que no creían en Cristo, Jesucristo los acusó de falsos judíos y de que sus sinagogas fueran un lugar de Satanás, Apocalipsis 2:9-11 y Juan 8:44.

Es mejor tener afrenta y oposición del mundo que ser confrontados por estar en oposición a Dios, 1Samuel 2:23-25. En la iglesia de Pérgamo, los ataques no venían de segundas o terceras personas, sin intermediarios ni sucursales estos ataques venia directamente del mismo trono de Satanás, el cual había dado muerte a Antipas un testigo fiel del testimonio de Jesucristo, Apocalipsis 2:12-17.

Nadie que no esté dispuesto a renunciar a todo incluyendo familia, bienestar, salud, libertad y su misma vida, debería contemplar este llamado o posición de ser pastor, dicho de otra forma, solamente entregando a Dios todo lo que tenemos por gran aprecio y estima podrá ser realmente protegido y guardado, pero todo aquello que no entreguemos voluntariamente estará en peligro, constante pues no tendrá la cobertura necesaria.

Ser pastor es la profesión y oficio en la que los errores que se cometan tendrán consecuencias y repercusiones con la vida eterna de otras personas. El pastor es un soldado enlistado al frente de batallas espirituales guerreando contra huestes, potestades y principados infernales, El es un guerreo diestro en rescatar las almas que van en dirección al infierno, su motivación son los galardones celestiales y no terrenales ni materiales, Efesios 2:6 y 6:10-20, Filipenses 3:13-15 y 20-21, 1 Pedro 5:4, Apocalipsis 22:1-3, 12-14.

En el frente de batalla muchos caen heridos, otros mueren y otros son galardonados y elevados de rango. Si alguno a caído busque sanidad y restauración, si alguno muere asegúrese que esta muerte sea física y no espiritual, si alguno recibe promoción y galardón conserve la humildad para que sea nuevamente exaltado por su Señor.

Mateo 10:28. Y no temáis a los que matan el cuerpo, mas el alma no pueden matar; temed más bien a aquel que puede destruir el alma y el cuerpo en el infierno. Isaías 51:7. Oídme, los que conocéis justicia, pueblo en cuyo corazón está mi ley. No temáis afrenta de hombre, ni desmayéis por sus ultrajes. 8. Porque como a vestidura los comerá polilla, como a lana los comerá gusano; pero mi justicia permanecerá perpetuamente, y mi salvación por siglos de siglos. 9. Despiértate, despiértate, vístete de poder, oh brazo de Jehová; despiértate como en el tiempo antiguo, en los siglos pasados. ¿No eres tú el que cortó a Rahab, y el que hirió al dragón? 10. ¿No eres tú el que secó el mar, las aguas del gran abismo; el que transformó en camino las profundidades del mar para que pasaran los redimidos? 11. Ciertamente volverán los redimidos de Jehová; volverán a Sión cantando, y gozo perpetuo habrá sobre sus cabezas; tendrán gozo y alegría, y el dolor y el gemido huirán. 12. Yo, yo soy vuestro consolador. ¿Quién eres tú para que tengas temor del hombre, que es mortal, y del hijo de hombre, que es como heno?

Todos los ataques que vienen hacia el pastor sólo tienen la intención de, PRIMERO: secuestrarlo y atormentarlo para que renuncie a su llamado.

SEGUNDO: influirlo y manipularlo para que hable mal, equivocadamente, que mal interprete y que maldiga el

nombre de Dios; de esa manera el enemigo de nuestras almas consigue a uno y a muchos más en un solo atarrayazo. Maldecir no necesariamente son insultos patanes, son también formas equivocadas de decir y utilizar su nombre, mal usar, mal decir, mal interpretar, mal representar y mal usar el nombre de Dios en las falsas doctrinas estas son las faltas más comunes que se pueden oír desde muchos altares y medios de comunicación como lo son la radio y la televisión.

El pastor MISERICORDIOSO se distinguirá y brillará; muchos vendrán a la vida del pastor para devorar de él toda la misericordia posible y habida en él. Ningún pastor puede pensar, ni interpretar que la bondad y misericordia que comparte son suyas propias, pues el día que lo haga se cansará y fastidiara de ser bondadoso y misericordioso.

La bondad y la misericordia debe ser el constante latir y respirar en la vida del pastor. Entre más bondad y misericordia el pastor comparta con el necesitado mas abundarán estos dones y riquezas en él; todo lo que el pastor siembra en otras personas, Dios lo devolverá y hará fluir de regreso a la fuente que es el mismo en Cristo Jesús, El es la fuente de vida y él es el río de agua viva que fluye a través de sus siervos, Juan 4:13-14; 6:35-40 y 7:37-38.

Pastor no enfoque su atención en lo que da y reparte, más bien valore siempre que sin esa oportunidad usted jamás tendría la ocasión de recibir todo lo que se le ha confiado, el mejor ejemplo son las tinajas de aceite que abundaron a favor de la viuda por la intervención y oración de Eliseo, 2 Reyes 4:1-7; todo lo que compartimos a todos y en todas partes debemos de darlo viendo a Cristo en estos menesterosos, no importa que se burlen, se aprovechen y nos crean tontos, no es de nosotros quien realmente se burlan y se aprovechan, Dios que conoce cada corazón usará todas estas bondades y misericordias para rescatar almas rumbo al infierno y además muchas de estas misericordias serán usadas como pruebas en contra de los impíos en el día del juicio sino se arrepienten, Apocalipsis 20:11-12 y Mateo 25:31-46. El rey David conocía y entendía el poder de las misericordias venidas de Dios, cuando tuvo que escoger entre la misericordia de los hombres y la misericordia de Dios, El supo escoger sabiamente, 1 Reyes 24:10-25 Salmos 5:7; 6:2; 9:13; 13:5; 18:50; 23:6; 31:7; 31:9,16.

Dichoso El Misericordioso, Piadoso y Compasivo porque a Él Jehová lo ha escogido y lo ha apartado para sí, cuando El clamare a Jehová, su clamor será oído y muy bien atendido, Salmo 4:3, Santiago 5:11, 1Pedro 3:8 y 2Pedro 2:9, ellos son los verdaderos pastores que aman y cuidan del redil, ellos heredarán la tierra y serán jueces dignos, pues pasaron las pruebas; el honor y el merito serán corona en sus frentes, ellos terminaron su carrera y fueron fieles hasta la muerte, por haber sido fieles en lo poco, mucho se les otorgará; como Cristo fue el fundamento de sus vidas y en medio de las pruebas así mismo ellos serán establecidos firmemente para reinar juntamente con El.

¿Que es esta poca prueba? en esta corta vida comparada con una vida eterna plena y abundante de bendiciones, privilegios y gloriosos premios que disfrutaremos por la eternidad al lado de los héroes de la fe y de Jesucristo nuestro rey y señor, con Cristo estoy juntamente crucificado y ya no vivo yo, mas Cristo vive en mí.

Mateo 9:13. Id, pues, y aprended lo que significa: Misericordia quiero, y no sacrificio. Porque no he venido a llamar a justos, sino a pecadores, al arrepentimiento.
Santiago 2:13. Porque juicio sin misericordia se hará con aquel que no hiciere misericordia; y la misericordia triunfa sobre el juicio. y 3:17. Pero la sabiduría que es de lo alto es primeramente pura, después pacífica, amable, benigna, llena de misericordia y de buenos frutos, sin incertidumbre ni hipocresía.

Romanos 12: 8. El que exhorta, en la exhortación; el que reparte, con liberalidad; el que preside, con solicitud; el que hace misericordia, con alegría. 9. El amor sea sin fingimiento. Aborreced lo malo, seguid lo bueno.

El equipo de trabajo ministerial no puede, ni debe estar conformado por personas que simplemente sean usadas para aparentar que hay ancianos y diáconos, de la integridad de este liderazgo depende el avance, el crecimiento, la solidez y la disciplina ministerial.

Dios puede llamar a un empresario, a un profesional, a un orador, etc. a ser pastor, Pedro y Andrés fueron pescadores y el llamado fue a ser pescadores de hombres, Mateo 4:18-20, ellos dejaron las redes por seguir el llamado, así, de igual manera todo pastor debe renunciar a cualquier compromiso o negocio que interfiera con su llamado.

El ministerio de la misericordia es un trabajo de tiempo completo, nadie que no se entregue de tiempo completo en este ministerio y dedique su vida, pensamiento y todas sus fuerzas a este llamado y disciplina, debería de ser considerado pastor.

Ningún medio pastor debería atreverse a pedir consagración total y completa de los discípulos y del pueblo, él debe ser el primero en dar un ejemplo de entrega total.

Este cargo y llamado al pastorado, requiere un compromiso indivisible semejante y parecido al cargo que toma el presidente de un país, éste debe renunciar a todos los compromisos que interfieran, se interpongan en su responsabilidad y representación máxima; nada y nadie debe de crear conflicto de intereses en el ministro pues su llamado servicio y compromiso es con El Pastor de pastores y hay de aquel que se coloque entre Dios y su pueblo.

Faraón de Egipto fracasó por querer interponerse entre Dios y su pueblo; el imponer, gobernar y subyugar al pueblo de Dios al punto de impedir libertad para adorar y servir la voluntad divina son una falta grave de terribles consecuencias.

El apóstol como lo describe el libro de Hechos, es aquel siervo que tuvo que abrir camino donde no lo había; tuvo que predicar de Cristo, donde nunca nadie antes había oído hablar de Él. Estos tuvieron que trabajar para mantenerse y sostenerse en el diario vivir, después de haber discipulado el apóstol dejaba pastores preparados al frente de esas obras, les brindaba apoyo y consejería a través de las cartas que redactaban. Si un pastor se ve obligado a trabajar deberá ser temporalmente y a corto plazo, su labor como siervo de Dios traerá los recursos y bendiciones necesarios respaldados por los resultados.

El apóstol Pablo tuvo que trabajar por que el viajaba a lugares donde nadie lo recibía y nadie lo conocía, el tuvo que abrir camino ministerial donde nunca nadie había predicado a Cristo.

Muchos que se dicen ser apóstoles hoy en día tienen una vida muy cómoda llena de lujos y extravagancias, con sus carros de lujo y en aviones privados van a las sucursales o franquicias ministeriales que establecen para cobrar el diezmo de los diezmos, en otros casos lo exigen todo y solo dejan a los demás con cheques o sueldos.

Ellos se autonombran apóstoles por que llenan estadios y grandes auditorios, o porque llenan congregaciones con cristianos nacidos y formados en otras iglesias.

¿Existen apóstoles hoy en día? la respuesta es sí. Usted los encontrara en rincones remotos donde no hay agua potable, tendidos eléctricos, ni carreteras, la mayoría de ellos no duermen en camas confortables, ni en hoteles de lujo y por lo general necesitan de un guía que al mismo tiempo es su traductor, pues se encuentran predicando y enseñando donde nunca antes nadie ha llegado a hablar del evangelio.

Usar el titulo de apóstol entre esos lugares no significa nada y muchos mueren sin reconocimiento por sus grandes esfuerzos y labor entre los hombres, pero su galardón ya está asegurado con El Padre Celestial.

Solo cuando el pastor decida retirarse a una vida fuera del pastorado y halla entregado el cargo a otro pastor podrá dedicarse a sus negocios personales, si no puede dejar sus negocios entregue el cargo y responsabilidad a otro pastor el cual deberá ser dirigido, ayudado y supervisado por los ancianos.

Usted como pastor retirado y con experiencia puede aconsejar y dar asesoramiento ministerial, usted pude tener voz y voto como colaborador y supervisor de los objetivos y resultados deseados.

Si el pastor realmente tiene el llamado confirmado por los frutos y la disciplina, si sus negocios ya corren por si solos y ya tiene nombrado a un gerente o directiva que maneje sus negocios, una excepción podría aplicar, pero esta debe de ser autorizada primero por los administradores de la iglesia y segundo por la mayoría de votos en el ministerio o congregación, estos pueden aceptarlo como pastor por un término limitado, quizás renovable, teniendo siempre en cuenta que el ministerio conoce sus compromisos y que todos están siendo bendecido por los resultados ministeriales, los discípulos están siendo formados, los ministerios están siendo multiplicados y el gozo del Señor reina en todos.

El discipulado no es un sistema metodológico administrativo de relaciones impersonales, cuando Jesucristo llamó a sus discípulos el tuvo una relación, comunicación cercana y estrecha con ellos de tiempo completo, El vivió con ellos todas las experiencias que los hicieron ver el poder de Dios en sus vidas y en la de los demás, ellos viajaron juntos, partieron el pan al mismo tiempo, vivieron el desprecio y la aceptación de las diferentes comunidades, hicieron trabajo misionero y tuvieron muchas experiencias más, El Señor les enseñó la importancia de pastorear a las ovejas desamparadas y dispersas, con misericordia.

Mateo 9:35. Recorría Jesús todas las ciudades y aldeas, enseñando en las sinagogas de ellos, y predicando el evangelio del reino, y sanando toda enfermedad y toda dolencia en el pueblo. 36. Y al ver las multitudes, tuvo compasión de ellas; porque estaban desamparadas y dispersas como ovejas que no tienen pastor. 37. Entonces dijo a sus discípulos: A la verdad la mies es mucha, mas los obreros pocos. 38. Rogad, pues, al Señor de la mies, que envíe obreros a su mies.

El discipulado puede ser y estar en los grupos pequeños de crecimiento, al mismo tiempo debe haber un control de calidad y cuidar que no se den los abusos, manipulaciones y desordenes; lo más importante no es la cantidad de gente que regularmente asiste sino el número de personas que completan sus procesos legítimos de discipulado y de avance ministerial, personal y profesional, sin estos resultados estos grupos solo serán reuniones sociales; idealmente las ofrendas que estos grupos recogen deberían ser utilizadas para el crecimiento, apoyo, soporte y fortalecimiento del discipulado dentro de ellos mismos, a menos que todos estos recursos estén disponibles y accesibles desde un fondo central.

El evangelio del Reino esta careciendo de pastores fieles y honestos, abundan los farsantes, aprovechados, caídos y vendidos; es menester que los misericordiosos rueguen a Dios para que sus siervos fieles sean restaurados, levantados y afirmados en todas las palabras, instrucciones, verdades y disciplinas que nuestro señor Jesucristo dejó establecidas.

Todos aquellos que salieron de un ministerio heridos y lastimados, a todos usted que ya no cree en los pastores ni en congregarse, ruego sus oraciones para que este mensaje llegue a todo pastor y a todo aquel que aspira a ser pastor, únanse conmigo en la fe y oración para que un día podamos ver este ministerio restaurado y fortalecido con siervos disciplinados y temerosos; todo es posible para el que puede creer.

No es fácil lograr ver los resultados de una fe monumental, pero esto no es requerido, pues una pequeñísima fe del tamaño de un grano de mostaza puesta en las manos de nuestro señor debe ser suficiente para alcanzar grandes cosechas, una pequeña luz puede ser suficiente para dispersar las mas densas tinieblas y traer claridad, entendimiento y misericordia de Dios para los más necesitados, nuestros hijos, las futuras generaciones.

2 Corintios 4:1 Por lo cual, teniendo nosotros este ministerio según la misericordia que hemos recibido, no desmayamos.

Santiago 3:17. Pero la sabiduría que es de lo alto es primeramente pura, después pacífica, amable, benigna, llena de misericordia y de buenos frutos, sin incertidumbre ni hipocresía.

Judas 1:2. Misericordia y paz y amor os sean multiplicados.

CAPITULO 12

PROCLAMANDO LIBERTAD CON AUTORIDAD

Toda esclavitud, muerte, quebranto, atadura y enfermedad viene de alguna autoridad, y no hay peor maldición que aquella que se ejecuta por la auto o propia potestad, habiendo sido declarados libres muchos viven sometidos a la esclavitud del pecado por su propia debilidad. Existen muchos tipos de prisiones, de yugos y formas de esclavitud, siendo la más cruel la espiritual y la mental, porque aunque el cuerpo físico tenga aparente libertad sufrirá inevitablemente por los verdugos de su cárcel sin ninguna piedad.

Moisés fue el único hebreo que creció con privilegios fuera de la esclavitud, pero Moisés necesitaba ser libre antes de

ser enviado a proclamar libertad. Egipto vivía bajo el yugo de potencias infernales que lo gobernaban y regían, las doce plagas mas que un castigo fue la forma que Jehová Dios uso para desenmascarar a estas potencias y mostrarlas tales como eran. Muchas de estas jerarquías siguen activas y vigentes hoy en día controlando naciones, continentes y a el mundo entero.

Muchos pastores han sido formados por pastores caídos, muchas iglesias y líderes han seguido los ejemplos de pastores o iglesias que brillan o resplandecen con luz babilónica, la luz falsa que las hace lucir grandes y prósperas por fuera, pero que por dentro son sepulcros blanqueados.

Los inocentes ceden a la imposición de manos por gente que esta llena de pecado, rebeldía, blasfemia y maldición.

La desesperación, la necesidad y la falta de discernimiento los hace correr de iglesia en iglesia y de evento en evento buscando un poco de alivio y anestesia para su angustia y dolor; pero mucho más doloroso es ver cuando los hijos son sacrificados en estos altares de confusión y desilusión, lugares donde crecen engañados, desnutridos espiritualmente e inundados de dolor por la división familiar, ministerial

El éxito ministerial representado por un gran templo y un numero grande de oyentes donde la expectativa es un mensaje show proyectado para la radio, televisión y otros medios masivos de comunicación son solamente susurros y caricias al ego del hombre que no representan verdades disciplinarias para su formación; predicar a las multitudes no es y no representa un discipulado legítimo, genuino y completo. Por otro lado estos empresarios promueven seminarios de liderazgo entre comillas, "verdadero discipulado" por cuotas o tarifas que el interesado debe de pagar para entrar, en conclusión todo es un negocio redondo que muchos pastores quieren imitar para esa forma sus bolsillos llenar.

Nadie realmente reconoce el valor de la salud hasta el día que es quebrantado y agobiado por el dolor, nadie conoce lo que significa vivir en libertad hasta el día que es condenado a vivir por largo tiempo en una prisión y nadie se puede imaginar que haya personas que no están preparadas para ser libres, sanas y ser salvas incluyendo a muchos que se hacen llamar "pastor". Muchos han encontrado en el dolor y en la esclavitud una forma de vivir es como algo necesario y que tiene propósito en sus vidas, si en algún momento algo o alguien viniera a hacer cambios a esa forma de pensar, creer y entender, la presente realidad de estas personas o pastores estaría en conflicto y el tiempo continuo de su realidad se derrumbaría. Esta forma torcida de pensar aunque llena de lujos, comodidades y aparente bienestar se convierte en una droga que no pueden dejar, pero la realidad es que cada día se auto destruyen por sostener títulos y mensajes falsos.

No nos sorprendamos de que todas las fallas sean justificadas y que los culpables acusen a otros de sus errores, el pecado ha carcomido y se ha extendido en extremo como se extiende un cáncer o un virus, ellos no quieren verlo, aceptarlo y tampoco pueden abandonar sus costumbres, tradiciones y rutinas que están profundamente arraigadas en su forma torcida de pensar. Estas producen resultados complacientes a su realidad personal, pero son peste y muerte espiritual.

Cuando Adán y Eva fueron confrontados por su desobediencia, ninguno de los dos pudo ver su falta, los dos encontraron excusas y culpables, siendo este el pecado más grave "la falta de arrepentimiento", Génesis capitulo 3.

Lo más grave en estos días viene siendo lo mismo, abundan las justificaciones y los culpables siempre son otros, carecemos de arrepentimiento genuino.

Muchos pastores enfermos y contagiados por el virus del pecado ministerial no saben y no entienden que ellos mismos han escogido su presente realidad; para ellos lo único razonable es que el éxito o los fracasos ministeriales los han escogido a ellos, entre comillas Dios ha escogido esta realidad para ellos y no tiene nada de relación con el pecado ministerial en que han caído.

Sus mentes y corazones pueden llegar a estar cauterizados por circunstancias, siendo este un enfrascamiento que los hace prisioneros del tiempo y la realidad que viven, todo es un continuo repetitivo paralelo de costumbres arraigadas en la mente las cuales son reflejadas en las acciones y las formas de hablar; las costumbres se convierten en leyes que dan orden y sentido al diario vivir, estas se convierten en adaptaciones circunstanciales muy bien aceptadas para ser parte de su circulo social.

Los Hebreo realmente no estaban listos y preparados para entender y disfrutar de su libertad, en el camino a la tierra prometida esa generación pereció para dar lugar a una nueva forma de pensar, una nueva actitud, una nueva generación que se formó fuera de la esclavitud.

El pueblo Hebreo se quejo por aproximadamente cuatrocientos años de esclavitud, Éxodo 3:7 y 12:40-41 sus mentes estaban entrenadas a quejarse y a reclamar por el mal trato de sus verdugos y por todas la miseria que rodeaba sus vidas; después de salir de esa esclavitud sus mentes no podían procesar otra manera de pensar y de ser; fue así como, durante su travesía se pasaron quejando de Dios y de Moisés todo el tiempo Números 14:10-11, 22-23 y Romanos 3:10-18, cuarenta años en el desierto fueron la capsula de tiempo necesaria para romper con esos hábitos y costumbres, una nueva generación libre de esclavitud fue formada en el desierto y esta fue la que pudo entrar y heredar la tierra prometida. Números 14:1-45

Números 14:11. y Jehová dijo a Moisés: ¿Hasta cuándo me ha de irritar este pueblo? ¿Hasta cuándo no me creerán, con todas las señales que he hecho en medio de ellos? 21. Mas tan ciertamente como vivo yo, y mi gloria llena toda la tierra, 22. todos los que vieron mi gloria y mis señales que he hecho en

Egipto y en el desierto, y me han tentado ya diez veces, y no han oído mi voz, 23. No verán la tierra de la cual juré a sus padres; no, ninguno de los que me han irritado la verá. 26. Y Jehová habló a Moisés y a Aarón, diciendo: 27. ¿Hasta cuándo oiré esta depravada multitud que murmura contra mí, las querellas de los hijos de Israel, que de mí se quejan? 28. Diles: Vivo yo, dice Jehová, que según habéis hablado a mis oídos, así haré yo con vosotros. 29. En este desierto caerán vuestros cuerpos; todo el número de los que fueron contados de entre vosotros, de veinte años arriba, los cuales han murmurado contra mí. 30. Vosotros a la verdad no entraréis en la tierra, por la cual alcé mi mano y juré que os haría habitar en ella; exceptuando a Caleb hijo de Jefone, y a Josué hijo de Nun. 31. Pero a vuestros niños, de los cuales dijisteis que serían por presa, yo los introduciré, y ellos conocerán la tierra que vosotros despreciasteis. 32. En cuanto a vosotros, vuestros cuerpos caerán en este desierto.

La importancia de que el pastor viva en constante comunión con El Espíritu Santo, la fuente de su inspiración, es para que pueda estar protegido de este mal; Moisés mismo tuvo que ser cubierto y protegido en varias ocasiones para que el pueblo no lo matara, muchos pastores que han caído y han perdido la Fe han sido víctimas de los constantes ataques venidos del mismo pueblo que pastorean.

Entre las jerarquías de la sociedad cristiana es muy común que cuando las personas no están de acuerdo con un mensaje de arrepentimiento y santidad, lo primero que buscan es desacreditar al mensajero; Israel como nación mataba literalmente a los profetas incluyendo al señor Jesucristo y los apóstoles. En estos tiempos El enemigo trabaja primeramente una estrategia evasiva que radica en ignorar el mensaje y segundo en denigrar, calumniar, desacreditar, deshonrar, desprestigiar, difamar, agraviar, ultrajar, marginar, encarcelar o desaparecer al que trae el mensaje.

San Mateo 23:34. Por tanto, he aquí yo os envío profetas y sabios y escribas; y de ellos, a unos mataréis y crucificaréis, y a otros azotaréis en vuestras sinagogas, y perseguiréis de ciudad en ciudad; 35. Para que venga sobre vosotros toda la sangre justa que se ha derramado sobre la tierra, desde la sangre de Abel el justo hasta la sangre de Zacarías hijo de Berequías, a quien matasteis entre el templo y el altar. 36. De cierto os digo que todo esto vendrá sobre esta generación. 37. ¡Jerusalén, Jerusalén, que matas a los profetas, y apedreas a los que te son enviados! ¡Cuántas veces quise juntar a tus hijos, como la gallina junta sus polluelos debajo de las alas, y no quisiste! 38. He aquí vuestra casa os es dejada desierta. 39. Porque os digo que desde ahora no me veréis, hasta que digáis: Bendito el que viene en el nombre del Señor.

El pastor no puede abandonar el orden de sus prioridades, pues estas son el compás que lo mantendrá en rumbo recto hacia su meta; si en algún momento el pastor debe ser libre de esclavitud impuesta por algún grupo, iglesia u organismo, no tema mi hermano, Dios es fiel y justo para liberarlo; pero usted debe valorar esa libertad y no regresar a viejas costumbres y ataduras.

El pueblo Hebreo quería ser libre y la libertad llego, cuando tuvieron que reclamar y entrar a poseer la tierra prometida, no creían y tenían temor de morir en el intento, ésta es la misma condición general en el pueblo de Dios y en las iglesias de hoy en día, ellos quieren ser libres del pecado y de todas las maldiciones generacionales, pero ahora que nos toca que creer y vivir una vida plena de libertad cometemos el mismo error que aquellos hebreos que salieron de Egipto.

Solo los dones y el poder de Dios podrán guiarnos y ayudarnos a vivir una vida plena de completa libertad en este presente, solo viviendo bajo esta autoridad podemos esperar ver y vivir en el reino de Cristo que pronto vendrá, solo permaneciendo firmes podemos avanzar a las siguiente promoción que están preparadas para los héroes de la Fe que se forjan hoy, Apocalipsis capítulos 20, 21 y 22.

Tenemos la responsabilidad de hablar, de aclarar, de enseñar, de instruir y formar a las nuevas generaciones, a nuestros hijos y a los hijos de nuestros hijos, primeramente para que den gloria a Dios y que crean en su palabra y sus promesas; segundo dejar claro que las incoherencias en el liderazgo cristiano y de los pastores caídos no representan de ninguna manera la voluntad de Dios para su pueblo.

Todos los errores ministeriales entraran a juicio y cada uno es responsable de hacer lo mejor para representar el reino de Dios, no nos corresponde a nosotros declarar juicios.

Todos los errores, pecados, injusticias y maldades que hayamos visto y presenciado, sólo podemos dar testimonio o ser testigos en las cortes de las leyes humanas y divinas que correspondan, pero hay que dejar los juicios a los jueces de la tierra y al soberano juez que es Dios; Él es quien pesa todas las intenciones del corazón del hombre, Dios nos ha llamado a ser misericordiosos y entre mas demos misericordia a todos aquellos que nos hieren mas sobreabundante será el favor de Dios en nuestras vidas.

Este libro no pretende juzgar a ninguna persona, pero si establecer y que queden claras las razones por las cuales todas las acciones torcidas, impiedades, maldades y los pecados ministeriales serán juzgados y condenados.

Nadie es perfecto, todos hemos fallado, por tanto todos necesitamos arrepentirnos y procurar hacer obras de arrepentimiento; debemos corregirnos con la ayuda del Espíritu Santo antes de que seamos llamados a cuentas ante el tribunal supremo.

Si tan solo un pastor encontrara el oportuno socorro en las líneas de este mensaje, el cielo se llenará de gozo por un pecador que se arrepiente, Lucas todo el capitulo 15 y aún más esto declaran las sagradas escrituras.

1 Pedro 4:8. Y ante todo, tened entre vosotros ferviente amor; porque el amor cubrirá multitud de pecados.
Santiago 5:19. Hermanos, si alguno de entre vosotros se ha extraviado de la verdad, y alguno le hace volver, 20. sepa que el que haga volver al pecador del error de su camino, salvará de muerte un alma, y cubrirá multitud de pecados.

Esta es la práctica del verdadero ministerio profético de hoy, predicar y evangelizar a los evangelizadores a que regresen a la senda antigua, por esta causa muchos ya ofrendaron sus vidas y otros se dispondrán a ofrendarla para mantener la oportunidad de arrepentimiento disponible hasta el último día que Dios lo permita.

El libro de Apocalipsis es claro en llamar al arrepentimiento a los lideres, pastores, ángeles, ministros y representantes de Él en sus iglesias y entre su pueblo, quizás ellos no se arrepientan o no vean la necesidad de cambiar; lo que a nosotros corresponde es preparar a los nuevos líderes, pastores y siervos en el camino estrecho y difícil, construirles con bases firmes, sólidas y en un carácter dispuesto para continuar.

La fresca unción y el tiempo de la doble porción es hoy y ahora, los odres nuevos ya están presentes y gimen al padre como niños recién nacidos por preparación, capacitación formación y crecimiento. Hermanos toda esa experiencia, capacitación, entendimiento y visión del plan de Dios que se nos ha concedido solo tiene un propósito el cual es el de formar nuevos líderes y pastores en el temor de Dios.

Cada pastor de Dios debe enfatizar en la importancia y necesidad de discipular, esto significa delegar, duplicar el conocimiento, entendimiento, sabiduría, dones y poder de Dios en los llamados y escogidos.

Elías delego en Eliseo, Moisés preparo a Josué, Pablo a Timoteo y Jesús a los doce discípulos; es entonces el discipulado el ejercicio practico de la FE por la que debemos vivir y por esta FE es que debemos disponernos como ofrenda de olor grato cuando sea necesario morir. Discipular es asegurarnos que antes de ser llamados a la presencia de Dios hayamos dejado ODRES NUEVOS, llenos, revestidos, preparados y capacitados para continuar haciendo frente al anticristo, los que están sanos en sus pensamientos no tienen necesidad de sanidad pues ellos son El Reino de Dios sobre la tierra y estos viven en plena libertad.

Mateo 9:12. Al oír esto Jesús, les dijo: Los sanos no tienen necesidad de médico, sino los enfermos.
Mateo 6:22. La lámpara del cuerpo es el ojo; así que, si tu ojo es bueno, todo tu cuerpo estará lleno de luz; 23. pero si tu ojo es maligno, todo tu cuerpo estará en tinieblas. Así que, si la luz que en ti hay es tinieblas, ¿cuántas no serán las mismas tinieblas? 24. Ninguno puede servir a dos señores; porque o aborrecerá al uno y amará al otro, o estimará al uno y menospreciará al otro. No podéis servir a Dios y a las riquezas. Gálatas 5:1. Estad, pues,

firmes en la libertad con que Cristo nos hizo libres, y no estéis otra vez sujetos al yugo de esclavitud.

a) LAS RANAS

Esta plaga de ranas ha invadido la iglesia y los hogares cristianos; Josué y Caleb son el más claro ejemplo de lo que aquí queremos explicar, ellos entraron a la tierra prometida y las escrituras aclaran que en ellos había un espíritu diferente que al resto de la comunidad infectada por el virus de la murmuración, queja, reclamos, reproches, falsos testimonios que sólo provocan contiendas, ira, pleitos, discordias, divisiones, divorcios y finalmente muerte; muerte fatal fue el final de todos los infectados por esta plaga de demonios que seguían como tiranos salidos de Egipto torturando, atormentando y esclavizando el espíritu alma y cuerpo que sufría las consecuencias físicas de aquellos hebreos que salieron de Egipto pero que no alcanzaron su libertad, Números 14:24.

Apocalipsis 15:13-14, en conjunto con Éxodo 8:1-15, aclaran que esta es la naturaleza específica de un espíritu maligno que afligía a los hebreos en Egipto y que salieron con ellos a donde estos iban, los egipcios veneraban esta entidad en la forma de rana y su nombre era Heket, los egipcios tenían una interpretación benevolente para este espíritu, pero su verdadera identidad está muy bien descrita en Santiago capitulo tres.

La plaga de las ranas en Egipto fue una demostración visible y literal del tormento que esta nación sufrió por haber afligido al pueblo hebreo, esta plaga es una realidad hoy en día, todas las generaciones deben cuidarse y consagrarse para no sufrir estas aflicciones. Salmos 12:3 y 120:2, Proverbios 6:17; 12:13; 13:5; 15:2, 28; 18:21, Isaías 19:20-21 y 2 Pedro 2:17-19.

Marcos 14:55. Y los principales sacerdotes y todo el concilio buscaban testimonio contra Jesús, para entregarle a la muerte; pero no lo hallaban. 56. Porque muchos decían falso testimonio contra él, mas sus testimonios no concordaban. 57. Entonces levantándose unos, dieron falso testimonio contra él, diciendo: 58. Nosotros le hemos oído decir: Yo derribaré este templo hecho a mano, y en tres días edificaré otro hecho sin mano. 59. Pero ni aun así concordaban en el testimonio. 60. Entonces el sumo sacerdote, levantándose en medio, preguntó a Jesús, diciendo: ¿No respondes nada? ¿Qué testifican éstos contra ti? 61. Mas él callaba, y nada respondía. El sumo sacerdote le volvió a preguntar, y le dijo: ¿Eres tú el Cristo, el Hijo del Bendito? 62. Y Jesús le dijo: Yo soy; y veréis al Hijo del Hombre sentado a la diestra del poder de Dios, y viniendo en las nubes del cielo.

63. Entonces el sumo sacerdote, rasgando su vestidura, dijo: ¿Qué más necesidad tenemos de testigos? 64. Habéis oído la blasfemia; ¿qué os parece? Y todos ellos le condenaron, declarándole ser digno de muerte.

Los pastores deben estar advertidos que entre más grande la congregación más grandes serán los ataques e influencias de este maleficio en su sociedad.

¿Cómo? pueden los pastores y las iglesias llamar a la libertad cuando ellos mismos han erigido su propia celda, encerrándose entre los murmullos y susurros de espíritus malignos que atormentan sus vidas donde quieran que están y a donde quiera que van.

a)   EL ORO

Otra cadena de esclavitud que arrastraba el pueblo liberado era la codicia, la lujuria y el exceso de todo placer; habiendo sido privados de riquezas, posesiones y del brillo del oro por cuatrocientos años, el primer acto de idolatría es con un BECERRO hecho con el oro y tesoros que recibieron de sus amos cuando salieron de esclavitud, su pecado toma forma y con el hacen una imagen, un becerro de oro Éxodo 32; El pecado de codicia es llamado anatema en Josué 7.

El oro, las riquezas, posesiones, poder y popularidad es la debilidad de muchos pastores y falsos profetas hoy en día. Los pastores que sufren de estas cadenas de esclavitud son usados por Satanás como instrumentos de muerte espiritual en el pueblo de Dios pues ellos mismos necesitan liberación.

Las multitudes siempre estarán atraídas al entretenimiento, ellos no quieren compromiso sino palabras alentadoras, de motivación y diversión para pasarla bien con sus amigos en la iglesia. El pastor de Dios debe hacer la elección de guardarse de los valores adoptados por otros pastores que sirven a lo que demandan las multitudes y que descuidan el discipulado; el llamado de Dios y el mandato es el de hacer discípulos.

La mayoría de las personas en esta era moderna tienen una atracción fuerte a la tecnología renovada y actualizada, se ve en los celulares, computadoras, programas, artículos, aparatos modernos, casas, carros y edificios muchos de estos están equipados y actualizados con asombrosos beneficios tecnológicos. De igual manera Dios no guardará el vino nuevo en odres viejos, ni depositará un aceite fresco en mentes que no han sido renovadas.

Las nuevas generaciones son las que Dios usará para alcanzar a las nuevas generaciones. Todos los demás debemos entregar y rendir todo lo que se nos ha dado para la preparación de los nuevos discípulos, pastores, siervos y ministros; a esto he sido llamado a entregar y delegar a las próximas generaciones este reporte que les ayude en sus avances y conquistas espirituales.

Mateo 9:16. Nadie pone remiendo de paño nuevo en vestido viejo; porque tal remiendo tira del vestido, y se hace peor la rotura. 17. Ni echan vino nuevo en odres viejos; de otra manera los odres se rompen, y el vino se derrama, y los odres se pierden; pero echan el vino nuevo en odres nuevos, y lo uno y lo otro se conservan juntamente.

CAPITULO 13

ODRES VACIOS Y ODRES NUEVOS CON FRESCA UNCION

Mateo 28:18. Y Jesús se acercó y les habló diciendo: Toda potestad me es dada en el cielo y en la tierra. 19. Por tanto, id, y haced discípulos a todas las naciones, bautizándolos en el nombre del Padre, y del Hijo, y del Espíritu Santo; 20. enseñándoles que guarden todas las cosas que os he mandado; y he aquí yo estoy con vosotros todos los días, hasta el fin del mundo. Amén.

a) LOS ODRES VACIOS

Muchas iglesias y sus pastores hablan de hacer discípulos, pero hacer discípulos no consiste simplemente en tener un programa para nuevos miembros y regalarles una biblia, no es tan sencillo como decirles que bajen un manual de discipulado del Internet o que lo compren; discipulado no es una clase para que los nuevos convertidos se convenzan de servir en la iglesia y al pastor en desempeñar un trabajo gratuito para la organización y con eso ahorrar al ministerio el dinero que tendría que pagar por servicios de mantenimiento y limpieza; discipulado no es mandarlos a vender chocolates, dulces, tampoco consiste en mandarlos a cuidar y lavar carros, vender tacos y tamales, no son rifas, bingo y quermeses, tampoco es la venta de paquetes turísticos o la venta de rosas, pañuelos o cualquier tipo de amuletos que la gente se inventa para la venta; discipulado no es la venta de boletos para la presentación de dramas, escenas, coreografías, películas y demás tipos de negocios con fines de recaudar ingresos para la construcción de templos, compra de equipos o pagar por programas radiales o televisados.

Jesucristo no nos dejo ningún ejemplo de ventas de nada; El no necesito construir templos o sinagogas para discipular. Creo cien por ciento que si alguien se propone discipular como Cristo y los apóstoles lo hicieron nada faltara y todas las necesidades serán siempre provistas, no para las presunciones y ostentaciones sino para la gloria de Dios; las finanzas no faltarán para hacer cumplir la gran comisión pues es El Espíritu Santo mismo él más interesado en que todo esto se cumpla, lo único de lo que realmente carecemos es de obreros entendidos, fieles y entregados a hacer todo por amor y no por intereses personales. Pocos son los entendidos de todo esto que se necesita y estos son los mismos a los que Dios les confía poder y autoridad para ejecutar en beneficio de su pueblo.

Ninguna actividad puede estar por encima de lo que es el estudio de las sagradas escrituras y los devocionales como Jesucristo los tuvo con sus discípulos, en privado, sin distracciones, sin cobrarles y sin exprimir los bolsillos. Jesucristo enseño teoría y practica; todas las practicas, servicios sociales y comunitarios deben tener una aplicación y lección clara que sea útil al discípulo, no pueden ser simplemente una actividad comercial o recreacional.

Es importante que cualquier actividad que se haga para la recaudación de ingresos y fondos del discipulado, sea un proceso integro, con claridad y transparencia, el usar y abusar de autoridad sobre personas para lucrar financieramente, es un delito penado por las leyes terrenales y mucho más por las leyes divinas. Si en algún momento alguna actividad contiene malicia y avaricia tal actividad ya es condenada ante los ojos de Dios, el pastor de Dios debe velar y de demandar total transparencia de los procesos, los libros deben estar abiertos y disponibles para satisfacer a los involucrados, todo esto generará confianza, fidelidad sin murmuraciones y quejas.

Los intereses personales y las agendas secretas de los hombres de negocio se especializan en explotar cada verso de la biblia para la exaltación de su ego, títulos y bienes materiales. Las palabras ofrendar, diezmar, congregarse y servir, están trilladas y mal usadas al extremo; el hacer discípulos para ellos es sinónimo de hacer servidores que obedezcan y sean sumisos a la autoridad torcida del ministerio. Si a alguien se le concede un puesto o privilegio ese alguien tiene que pagar cuota, membrecía o "diezmo"; sino paga, el privilegio es transferido al mejor postor o diezmador, en pocas palabras los privilegios son vendidos. Nadie puede cuestionar estos procesos de corrupción ministerial por que si se muestra alguna conducta inconforme y que confronte estos errores, inmediatamente los hermanos son mal vistos, criticados desde el pulpito, puestos en disciplina, marginados y calumniados por aquellos cobradores que se sintieron ofendidos por el cuestionamiento.

El cobrar por un privilegio es una práctica muy antigua, estas practicas funcionaban en la Iglesia de Pergamo a través de las doctrinas de Balaam y de los Nicolaitas, Apocalipsis 2:12-17.

Si los inconformes decidieran irse a otra iglesia, no importa, pues el número de servidores es grande dentro de la multitud que se congrega. No es justo que los que ayudaron a la construcción y al engrandecimiento de estas obras sean echados, ignorados, calumniados con arrogancia por haber confrontado las fallas en el ministerio; todos estos errores se han hecho tan comunes que ya no sorprende encontrarlos en todas partes, estas prácticas deben frenarse; los pastores, líderes, discípulos y congregación deben de tener voz y voto en todo lo que respecta a la cordura, orden y ética ministerial, las consecuencias de todos estos errores son las divisiones y heridas profundas en las familias cristianas.

Las divisiones tienden a darse cuando el pastor ofendido devuelve la ofensa directa o indirectamente, en muchas ocasiones el pulpito ha sido usado para estas actitudes gravosas, la arrogancia y disputas llegan a una cúspide insoportable; el líder que quería soluciones en el ministerio se siente acosado y marginado, cuando decide irse de la iglesia se va con un grupo que lo sigue y así abren ellos otra obra que en la mayoría de casos que he visto repiten el mismo patrón y esquema de errores para continuar con otras divisiones.

Las divisiones en las iglesias y los ministerios surgen y son tan abundantes como la avaricia al poder, a los títulos y a la influencia que cada hombre requiere para gobernar a un grupo sin importar si son 20, 40, 60, 100 o más; cada quien requiere y necesita cobrar diezmos, ofrendas, primicias, semillas y todo lo que se puedan inventar para sacar dinero y por supuesto no hay claridad, ni transparencia contable en los reportes financieros, los únicos reportes que presentan son para justificar todos los gastos que hicieron crecer la membresía y la organización, lo cual es para exigir mas entradas o donaciones para "la supuesta evangelización", no existe un discipulado legítimo en estos lugares.

A pesar que tienen programas y cursos bíblicos, muy rara vez promueven o gradúan a nuevos ministros que realmente están listos para ministrar, muchos de estos cursos son tan falsos o incompletos como los diplomas o certificados que venden y compran. No estoy generalizando que así son todos, pero si podemos decir que así son la gran mayoría.

Los líderes, consejeros o ancianos que gobiernan en las iglesias, no deberían de ser familiares ni personas que tengan intereses personales en el ministerio, estos pueden llegar a tener conflicto de intereses que los va a forzar cuidar del negocio, títulos y puestos a capa y a espada antes que cuidar de las verdaderas prioridades ministeriales; estos sabrán cuidarse las espaldas, cubrirse, defenderse y justificar sus faltas culpando siempre a los demás.

Otra forma de hacer dinero con el dinero que recaudan del pueblo de Dios es que construyen edificios educativos; escuelas, seminarios, colegios y universidades con programas costosos y en muchas ocasiones de poca calidad; la mayor parte están sólo leyendo un libro sin nada de experiencia en el tema, todo está orientado a la venta comercio y perspectiva empresarial, no ministerial.

Predicar y evangelizar no debe ser confundido con convencer a las personas para que sean parte de una organización o corporación con fines de lucro; "sin fines de lucro dicen ellos", discipulado no tiene nada que ver con vender un programa de educación para cobrar membresía por pertenecer a la congregación, no significa capacitar a los hijos del pastor para que luego se queden heredando los títulos de propiedad de la organización y de esa manera seguir con la explotación. Debo aclarar que si hay hijos de pastores con el llamado, con la unción y con el poder de Dios fluyendo en algunos ministerios y que para ellos todo mi respeto, solo ruego que sigan estos consejos para cuidar de la grey, 1 Pedro 5.

Ser pastor no es un lugar para esconderse de las autoridades, no es un lugar para huir de las responsabilidades familiares, no es la profesión lucrativa donde se puede ejercer sin un título profesional o con títulos falsos, no debe ser el lugar de trabajo donde muchos inmigrantes ilegales pueden ejercer una forma de ingresos económicos predicando y vendiendo tacos o comida, no es un programa de rehabilitación para criminales, drogadictos y mafiosos; tampoco es el lugar para reclamar independencia y autonomía Pro-rebeldía como lo hacen muchas mujeres que se hacen llamar Devoras y que solo quieren esconderse de sus responsabilidades y/o abandonar sus matrimonios en el nombre de un Jesús falso.

b) ODRES CON ACEITE FRESCO

Imploro a los líderes, discípulos y congregación a que se involucren, participen, se expresen, resistan y que exijan para ustedes pastores y lideres idóneos. No acepten los nombramientos familiares o de otros sin bases y aprobación de la mayoría entre ustedes; si entre ustedes no hay uno que cumpla con los requisitos comuníquense con expertos, seminarios, colegios y universidades de teología para ser asesorados y que así puedan entrevistar a varios ministros calificados, con credenciales y recomendaciones verdaderas y verificadas.

Cuando hallan diferencias entre pastores, lideres y congregación mantengan la calma y la comunicación, usen intermediarios, primero los locales y si no funciona traigan intermediarios imparciales con objetividad de otros ministerios que No tengan vínculos o favoritismos con nadie dentro de ustedes, estos podrán hacer recomendaciones acertadas a favor de todos, eviten las divisiones explorando y explotando todos los recursos viables.

Si alguien sale de la iglesia por diferencias irremediables por favor no dañen más la situación abriendo lugares independientes, los que tal hacen, sepan que dañarán el futuro de su hogar y de sus hijos gravemente, dense un tiempo de paz, calma, sanidad y restauración para ustedes y su familia, con el tiempo es posible que las diferencias se desvanezcan y pueda todo volver a la normalidad o mejor que antes. Sino fuera así, busquen un ministerio sólido y completo, sus hijos serán los más beneficiados se los aseguro.

Pastores y líderes, les ruego que tengan un plan de discipulado que prepare a los futuros pastores, profetas, evangelistas, maestros entrenados y capacitados y que estos eduquen y preparen a la congregación, para que un día a su vez, estos puedan establecer más ministerios en otras partes, multiplicando capacidades, no distorsionando y dividiéndolas.

Muchos pastores se incomodan con promover a otros pastores y delegarles autoridad, especialmente cuando han sufrido divisiones por las personas que ellos mismos han edificado y formado; la solución está en que antes que las diferencias irremediables se presenten entre ustedes, la promoción de aquellos que han capacitado estén preparadas, estos ejerzan su ministerio como uno que salió con el apoyo y bendición de ustedes, a esto se le llama duplicar y multiplicar en lugar de dividir, herir y maldecir.

Todas las diferentes versiones que alguien quiera inventar sobre el discipulado las cuales no están alineados con enseñarles a que guarden todo lo que Cristo mandó, simplemente NO son y NO tienen nada que ver con el verdadero evangelio del reino de los cielos, estas son sectas anticristianas que tienen un solo final el cual es engañar, torcer, manipular y corromper todo lo bueno.

Toda persona con el llamado, que cumple con los procesos de restauración, sanidad, perdón, reconciliación y aprobación por parte de sus líderes, concilios, ancianos y demás, podrá ejercer el pastorado media vez estos sean supervisados y evaluados en sus resultados, por sus frutos los conoceréis.

No recomiendo a nadie trabajar solo, independiente y sin la supervisión de líderes capaces; especialmente si alguien tiene antecedentes penales, los que una vez fueron poseídos para hacer maldades pueden tener recaídas y sus estados o condiciones pueden llegar a ser mucho peor. Debe pues, tenerse cuidado con los ministerios independientes que no tienen orden, supervisión, sujeción y acreditación municipal, estatal y federal. Cuando los gobiernos ejerzan leyes que sierren las iglesias y criminalicen el evangelio entonces eso pudiera ser una opción.

Es muy perjudicial apoyar lo torcido y lo medio bueno, muchos ministerios independientes cometen crímenes en contra de las comunidades donde se desarrollan, de las cuales desaparecen y luego reaparecen abriendo en nuevos lugares donde no los conoce nadie, CUIDADO.

Mateo 7:15. Guardaos de los falsos profetas, que vienen a vosotros con vestidos de ovejas, pero por dentro son lobos rapaces. 16. Por sus frutos los conoceréis. ¿Acaso se recogen uvas de los espinos, o higos de los abrojos?

El Pastor debe estar bien documentado y cumplir con las leyes de cada país, el debe de estar capacitado teológicamente y bien acreditado, debe saber utilizar los recursos que le puedan ofrecer su ciudad, estado, nación y organización para la edificación y protección de aquellos que están a su cuidado.

Hermanos antes de involucrarse en un ministerio indaguen, pregunten y asegúrense de que el pastor no esté trabajando independientemente; excepciones pueden ser consideradas, revisadas y aprobadas por la mayoría de la congregación, si esa fuera la única opción, un pastor independiente en la mayoría de los casos tendrá muchas más buenas intenciones que capacidad y recursos para dar y apoyar a la congregación.

Si no hubiera otra opción más que esa, asegúrense de que la congregación junto con el pastor y No solamente el pastor forme una junta directiva con las personas más capaces dentro de la congregación, de preferencia deben ser con el mejor rango de disciplina espiritual y segundo que tengan el mayor grado de educación y aplicación. El pastor no debe tomar decisiones importantes que concierne a todos sin consultar y obtener aprobación, que los líderes de la junta directiva tengan mínimo tres o más años en ese ministerio y que estos no sean familia del pastor para que todos disfruten de imparcialidad, orden, disciplina, responsabilidad, juicio y formalidad.

Los ministerios independientes han surgido por muchas razones y una de estas es la protesta de aquellos pastores inconformes por los sistemas burocráticos y corrompidos que manejan muchas corporaciones, asociaciones y concilios que explotan a los pastores exigiendo pagar cuotas a la organización sin darles apoyo, recursos y oportunidades.

Muchos pastores están inconformes con las estructuras erróneas, falsas doctrinas y las actividades delincuentes que se desarrollan dentro algunas organizaciones y es por eso que se independizan de estas mismas. Algunos de estos pastores tienen años de experiencia, educación y formación, estos pastores pueden ser la excepción solamente si están bajo el sometimiento de un cuerpo oficial de ancianos competentes y sabios.

El pastor debe tener programas que ayuden, asesoren y aconsejen a los matrimonios, a los jóvenes y a los niños. Estos programas deben velar y extenderse a los más necesitados como lo son los mas ancianos, huérfanos, incapacitados, inmigrantes, estudiantes, desamparados, enfermos, encarcelados y otras necesidades en el pueblo de Dios, pero sobre todo y principalmente un programa completo en la formación de discípulos que sigan cuidando de los menesterosos.

Un pastor de Dios tendrá la sabiduría, carisma y capacidad para comunicarse con todos, tanto con personas humildes, orgullosas, sencillas, sofisticadas, sin ninguna educación, con alta educación, nobles, militares, clase obrera, profesionales, empresarios, políticos, realeza y demás.

Un pastor de Dios entiende las diferentes filosofías, ciencias, religiones, historia, música y otras artes; él estará enterado de las actualidades sociales y deportivas, él está preparado para entablar temas de conversación con personas de cualquier nivel; el pastor debe estar actualizado en sus estudios y preparación para servir mejor al pueblo de Dios.

El mundo actualmente está en constantes cambios, la demanda de superación personal, profesional y educativa es prioridad en todos los sectores sociales, empresariales e industriales; el pastor no puede descuidar y abandonar su continua educación principalmente en temas teológicos, como los demás temas seculares, esto le abrirá puertas y recursos para discipular, educar y preparar sin ninguna distinción.

Hoy en día hay muchos ejemplos de lo que es restaurar piezas de arte, carros, aviones clásicos, edificios históricos;

es tiempo de que el pueblo de Dios demande, exija, invierta y apoye a los verdaderos PASTORES DE DIOS los cuales son una reliquia o gema de gran valor. La oración, intercesión y clamor unánime por la restauración de este ministerio es crucial, este ministerio es el tronco del árbol de donde se extienden las demás ramas ministeriales, este es el semillero de los nuevos ministros que ministraran a las nuevas generaciones.

La disciplina de Cristo es un camino estrecho, es angosto y es un poderoso enlace directo entre la cabeza del discípulo y la cabeza de la iglesia que es Cristo, estos tienen un mismo pensar y sentir, véase o entiéndase como la luz de un rayo láser con dirección, enfoque y concentración, no es una luz dispersa y con fragmentos de iluminación por todas direcciones; los pastores que corren en toda dirección, que quieren hacer de todo sin delegar acabarán cansados y enlazados por sus palabras y multitud de compromisos, estos corren hacia todas partes sin llegar a cumplir un propósito definido.

Lo más peligroso de esta actitud y pensamiento desordenado, es que este pastor descuidará su hogar, su esposa e hijos si los tiene, las inconformidades se dejarán saber y los problemas familiares estarán haciéndose cada vez más grandes y se convertirán en una enredadera de la cual la pareja no podrá escapar sin cortar la relación, en la mayoría de los casos, uno en la pareja pedirá ayuda pero en realidad estará pidiendo auxilio a una emergencia; no dejen que los problemas avancen y se acumulen, no permitan que la plaga de la discordia, frialdad y despotismo les gane ventaja; en algunos casos todo esto sucede por la vergüenza, el qué dirán y por la conformidad a lo torcido. Lo mas ridículo de estos casos es que nadie tuvo la culpa y siempre es otro el culpable, en un matrimonio no hay un culpable delante de Dios los dos son responsables y con una sola culpa, quebrantar el pacto sagrado del matrimonio.

La prioridad de un pastor casado y con hijos está en dedicarles tiempo de calidad a su familia antes que atender a la multitud de demandas que tiene la obra. El pastor que descuida a su esposa terminará perdiendo su hogar lo cual afectará en un 100% su ministerio principal, "su familia". Los discípulos más importantes que un pastor tiene son sus hijos y su cónyuge, no es su mamá que le consciente berrinches y caprichos, ni lo son los hermanos que mas diezman.

Pastor es posible que en el ministerio llegue a conocer cientos y hasta miles de personas, muchos vendrán, otros se irán y algunos se quedaran pero los únicos por los que usted estaría dispuesto a ser crucificado y entregar su vida son su familia, entonces demuéstreles en vida lo que ellos significan para usted y Dios lo bendecirá y honrara por poner en alto este principio del reino.

Su prioridad hermano pastor es su hogar, si tiene que entregar o delegar el ministerio a otra persona o al cuerpo oficial por un determinado tiempo hágalo antes que sea demasiado tarde y que la línea de la cual ya no se puede regresar sea cruzada. Cuidado con pedir consejo a los pastores caídos, muchos de ellos están heridos, frustrados, cansados y fracasados espiritualmente, lo único que oirá es una voz que los llevara y conducirá hacia donde ellos están.

Génesis 2:24. Por tanto, dejará el hombre a su padre y a su madre, y se unirá a su mujer, y serán una sola carne.
Mateo 19:3. Entonces vinieron a él los fariseos, tentándole y diciéndole: ¿Es lícito al hombre repudiar a su mujer por cualquier causa? 4. El, respondiendo, les dijo: ¿No habéis leído que el que los hizo al principio, varón y hembra los hizo, 5. y dijo: Por esto el hombre dejará padre y madre, y se unirá a su mujer, y los dos serán una sola carne? 6. Así que no son ya más

dos, sino una sola carne; por tanto, lo que Dios juntó, no lo separe el hombre.

Si el pastor no puede tener la disciplina, el amor y la fe por su cónyuge e hijos para servirles y protegerles en todas las áreas, mucho menos lo hará por los discípulos y congregación, el pastor que carece de autoridad de Dios en su hogar no tendrá autoridad de Dios para el ministerio, las huestes infernales se reirán de él y lo usarán para destruir otros matrimonios; todo pastor con un matrimonio de vergüenza no tiene autoridad para orar, sanar, aconsejar y restaurar a otros matrimonios, todo lo que diga será puro ruido.

Todos los problemas en el matrimonio son siempre por falta de comunicación, confianza comprensión, frustración y dedicación, nunca es solo uno el culpable. Si ser pastor es difícil, ser la esposa de un pastor es mucho más difícil, pastores nunca acepten el ministerio sin el apoyo y la aprobación de su cónyuge lo cual requiere consejería y un curso de preparación para ambos, después que ambos hayan sido educados y que la letra pequeña del contrato ministerial haya quedado en claro, escojan mínimo tres o más parejas de ministros con experiencia y un matrimonio ejemplar como consejeros y líderes de su matrimonio, los problemas vendrán y las bases deben ser sólidas antes de comenzar.

Esposas y siervas de Dios, ustedes han sido privilegiadas con dones y talentos naturales para cuidar y proteger a sus esposos y a todo aquello que sus esposos consideran importante, sólo les ruego de forma encarecida que cuiden a quienes dan su atención y oído, pues ese es y ha sido desde el principio la más grande debilidad por donde el enemigo les ha mal influenciado y ganado ventaja desde el principio de la historia.

El ministerio más grande e importante que ustedes pueden ejercer es el amor, comprensión, misericordia y cuidados que brinden a su esposo e hijos, sin ustedes muchos pastores caerán de su propósito y fidelidad; sin ustedes muchos hijos se rebelarán y maldecirán, Dios les recompensara todo su esfuerzo y sacrificios, ustedes verán todos los frutos hermosos que toda madre, esposa y sierva de Dios pudiera desear, el esfuerzo y sacrificios producirán resultados óptimos garantizados a largo plazo.

Jesucristo manifestó autoridad sobre el tiempo, la materia, los vientos, enfermedades, la muerte y los malos espíritus, su ministerio impactó al mundo entero en muy poco tiempo, su autoridad está disponible hoy en día para todo aquel que quiera creer y caminar con él en esta senda antigua de dedicación, santidad y disciplina. Todos y muchos pueden decir yo quiero, pero es Cristo quien hace la elección y escoge a sus siervos y pastores. Cuando Jesucristo llamó a los doce uno fue reprobado, Judas el Iscariote, este murió para corrupción, los demás murieron para gloria de su nombre; hoy en estos tiempos once mueren para corrupción y uno es el que ofrenda su vida para honra y gloria de Cristo; no hay disciplina, no hay compromiso y hace falta fidelidad al llamado, responder al llamado no es lo mismo que ser fiel al llamado, muchos son los que responden pero pocos son los que terminan la carrera con fidelidad.

El pastor es evangelista, es maestro, es profeta, el tiene don de sanidad, de liberación y restauración, él es sabio, entendido en ciencia humanas y divinas, el tiene discernimiento y es hombre de Fe, entregado a la obra, compasivo, misericordioso, bondadoso, humilde, paciente, integro, lleno de fidelidad, amabilidad y amor por las almas necesitadas, heridas, hambrientas y sedientas, el Pastor de Dios es sufrido, es benigno, no tiene envidia, no es jactancioso, no se envanece, no hace nada indebido, no busca lo suyo, no se irrita, no guarda rencor, no se goza de la injusticia; más se goza de la verdad, todo lo sufre, todo lo cree, todo lo espera y todo lo soporta, 1Corintios 13.

Todos los dones, todos los frutos, todas las virtudes y poderes del reino de Dios son el revestimiento en el verdadero pastor de Dios, él ha recibido todo esto para entregarlo en la formación de las nuevas generaciones. Cristo y muchos mártires entregaron sus vidas por este Evangelio; siempre debemos recordar y tomar en cuenta estos sacrificios para no desmallar, el testimonio de todos ellos debe inspirarnos cuando necesitemos fortaleza, pues así como Dios fue por ellos así será por nosotros cuando más lo necesitemos.

Muchas veces el pastor se sentirá solo, quizás rodeados de mucha gente pero sin alguien que comprenda por lo que realmente esta pasando, pensando y sintiendo. El pensamiento y la disciplina de Cristo nunca serán algo popular, pero si será siempre algo muy especial y grato delante de Dios en la vida de sus siervos, esto será como cuidar de un jardín de rosas hermosas con diferentes aromas y fragancias, adornado de diferentes colores, formas y tamaños para ser apreciado y disfrutado por aquellas personas que saben lo difícil y costoso que es tener un jardín así de especial.

Todo comienza con el trabajo de plantarlo, cercarlo, regarlo, abonarlo, limpiarlo, podarlo, medicinarlo, escarbarlo, cuidarlo, contemplarlo, admirarlo y en ese proceso lastimarnos, cansarnos, gastarnos para saber que por amor estamos dispuestos a volver a empezar de nuevo, porque para aquel que ama su jardín vale la pena todo ese esfuerzo y más. Muchos lo verán, lo admirarán y comentarán, pero nadie puede valorarlo y apreciarlo como aquel que ha sudado debajo del sol por cuidarlo, aquel que ha derramado sangre por limpiarlo y que ha sufrido dolor por conservarlo hermoso y radiante. De la misma manera, Dios nos ha amado y solo aquellos que tiene un corazón agradecido pueden ofrendar sus vidas en olor grato y fragante para la honra y gloria de su señor.

Pastores ustedes han sido escogidos para hacer lo que más le agrada a El Rey y eso es cuidar de su jardín, cuidar de sus amados, de sus escogidos y de todos aquellos que tienen el llamado de servir, seguir sembrando, regando y cuidando de todos los procesos que promoverán a las nuevas generaciones de pastores fieles.

Una nube cubrió al pueblo de Israel del despiadado calor del desierto, así y de esa manera tenemos nosotros ahora una nube de testigos, de héroes de la fe que ya están en la presencia del Señor esperando nuestra entrada triunfal para celebrar, Hebreos capítulos 11 y 12, Apocalipsis 6: 9-11; 7: 9-17; 15: 2-4; 19 1-9 y 20: 4-6.

Hebreos 12:1. Por tanto, nosotros también, teniendo en derredor nuestro tan grande nube de testigos, despojémonos de todo peso y del pecado que nos asedia, y corramos con paciencia la carrera que tenemos por delante, 2. puestos los ojos en Jesús, el autor y consumador de la fe, el cual por el gozo puesto delante de él sufrió la cruz, menospreciando el oprobio, y se sentó a la diestra del trono de Dios. Apocalipsis 21:7. El que venciere heredará todas las cosas, y yo seré su Dios, y él será mi hijo.

Si la noche fuera tenebrosa, peligrosa y llena de espantos, si los rugidos de las fieras son amenazadores y quieren robar tu canto, refúgiate en la torre fuerte del Espíritu Santo, descansa en la Roca que es Cristo y permanece bajo su manto.

Reaviva tu fe creyendo que El está contigo en ese foso de fieras y si con un poco de fe permanecieras, por seguro miel de los huesos de esas fieras puede ser que bebieras. El León de la tribu de Judá rugiendo esta a favor nuestro para deshacer las obras del mal. Mi salvación llegará de forma magistral, mi alma será librada del chacal y las puertas eternas se abrirán para una entrada triunfal.

Los odres nuevos son la generación de jóvenes y niños que nacen con la predisposición de amar y servir a Dios a pesar de que nacen y viven en ambientes tóxicos, antes que ellos nacieran, apenas recién nacidos y a lo largo de sus vidas muchos ataques sufrieron por parte del destructor. Algunos mueren en la infancia y a temprana edad dejando un vacío en aquellos hogares donde nacieron, a todos estos padres hoy les digo ellos están disfrutando de una mejor vida, reciban consuelo en estas palabras.

En Egipto un plan sistemático de matanza y de destrucción de las nuevas generaciones fue establecido por Faraón en contra de los niños que iban a nacer en el pueblo hebreo, entre estos estaba Moisés, quien después de haber nacido, su vida fue amenazada y antes de iniciar su ministerio su vida corrió otros peligros, después y durante su ministerio su vida sufrió muchos atentados, no solamente de los pueblos enemigos sino también del mismo pueblo que el guiaba y por el cual intercedía.

Antes que Jesucristo naciera un edicto fue promulgado para que María tuviera que hacer un recorrido peligroso durante su embarazo, el Ángel del señor les guardó y guió hasta que el niño nació a salvo y después de haber nacido fue necesario iniciar otra travesía para escapar de la mano asesina que atentaba contra su vida; antes de empezar su ministerio Satanás mismo atentó nuevamente contra El y cuando no pudo atentó contra sus principios, compromisos, prioridades y fidelidad al llamado, los atentados siguieron a lo largo de su ministerio hasta el día que el tuvo que ofrendar su propia vida.

Las nuevas generaciones de siervos, discípulos y pastores sufren atentados antes y después de nacer, por todos lados y por diferentes grupos de personas, pueden ser cristianos y no cristianos, familiares o amigos. El Siervo de Dios no es ajeno a los desprecios, humillaciones, incomprensión y marginación, especialmente por parte de aquellos a los cuales el más ha amado, cuidado, honrado y brindado; a pesar de todo esto el Siervo de Dios no puede guardar rencor contra los desleales, pues en su corazón sólo reina el amor y la comprensión, su refugio está en el infinito, incomparable, maravilloso y sublime amor de su padre celestial.

La Biblia nos da varios ejemplos de niños y jóvenes muy amados y especiales como lo fueron Isaac hijo de Abraham patriarca de la Fe; El joven José, hijo de Jacob quien también es Israel, José después de sufrir desprecios, destierro, atentado de muerte y ser vendido como esclavo por sus hermanos, Dios lo exalto y lo uso para salvar a sus hermanos y familia de la muerte, El llego a ser como un rey o El segundo en mando después de Faraón en Egipto.

Moisés a quien Dios guardó de muchas amenazas de muerte y fue un instrumento para demostrar muchas maravillas y prodigios a favor del pueblo de Dios.

El joven Samuel quien fue él último juez y él profeta que ungió los primeros dos reyes para la nación de Israel, Jeremías él profeta que fue escogido desde el vientre de su madre para predicar a Israel y a las naciones; él joven David, quien sufrió desprecios de su familia y muchos atentados contra su vida departe de su mismo rey, este venció fieras, guerreros gigantes y llego a ser un rey de renombre hasta el día de hoy; su hijo Salomón quien desde su llamado no ambicionó riquezas y que lo que mas deseaba era servir y agradar a Dios como un buen rey de su pueblo, por lo que Dios le bendijo con abundantes riquezas, poder, dominio y sabiduría, 1 Reyes 3.

Así mismo, el Rey Josías, quien empezó a reinar desde los ocho años y fue uno de los reyes mas dedicados a restaurar la consagración del pueblo durante tiempos de mucha corrupción, este combatió la idolatría y trajo avivamiento espiritual a la nación, el padre de Josías fue un rey que hizo lo malo delante de Dios y su abuelo fue un rey mucho más perverso, a pesar de tener muy malos ejemplos Josías hizo lo recto delante de Dios, 2 Reyes 22.

La joven reina Ester quien intervino para salvar a su pueblo de exterminio ante grandes amenazas y oposiciones; la joven que servía en la casa de Naaman quien por sus consejos éste alcanzó una sanidad divina y glorifico a Dios después de ser incrédulo, 2 Reyes 5:2; Juan el Bautista quien desprecio privilegios, títulos, posiciones, vestidos y ornamentas de prestigio para ministrar en el templo y pertenecer a una sociedad elite de religiosos de su tiempo y prefirió vestir ropas humildes, vivir y comer del campo donde preparaba el camino anunciando la venida de El Mesías; él apóstol Juan, joven consagrado, dedicado y entregado a las enseñanzas de su maestro El Señor Jesús; Timoteo un joven capacitado por el apóstol Pablo para ejercer el ministerio desde temprana edad; él muchacho con los panes y peces que Jesús uso para alimentar a más de cinco mil y él niño que Jesús uso para decir, "dejad a los niños venir a mí, y no se los impidáis, porque de los tales es el reino de los cielos", Mateo 19:14.

Estos son algunos ejemplos que espero ayuden a los jóvenes que estén leyendo estas líneas para que el fuego de Dios siga ardiendo en su pecho y que sigan con ese deseo genuino de obedecer, amar, seguir y honrar al Dios todopoderoso que les ama y les guardará en su mano todo el tiempo, Dios les hablará y les enseñara a través de su Espíritu Santo, todo lo que ustedes necesiten para conocerlo a él más, Dios está con ustedes, no tenga temor sólo confíen y tenga paciencia, crean con todo su corazón y ustedes verán maravillas en sus vidas.

Jeremías 1:4. Vino, pues, palabra de Jehová a mí, diciendo: 5. Antes que te formase en el vientre te conocí, y antes que nacieses te santifiqué, te di por profeta a las naciones.

Salmo139:13. Porque tú formaste mis entrañas; Tú me hiciste en el vientre de mi madre. 14. Te alabaré; porque formidables, maravillosas son tus obras; Estoy maravillado, Y mi alma lo sabe muy bien. 15. No fue encubierto de ti mi cuerpo, Bien que en oculto fui formado, Y entretejido en lo más profundo de la tierra. 16. Mi embrión vieron tus ojos, Y en tu libro estaban escritas todas aquellas cosas Que fueron luego formadas, Sin faltar una de ellas.

Joel 2:28. Y después de esto derramaré mi Espíritu sobre toda carne, y profetizarán vuestros hijos y vuestras hijas; vuestros ancianos soñarán sueños, y vuestros jóvenes verán visiones.

1 Samuel 2:26. Y el joven Samuel iba creciendo, y era acepto delante de Dios y delante de los hombres.

S Lucas 1:79. Para dar luz a los que habitan en tinieblas y en sombra de muerte; Para encaminar nuestros pies por camino de paz. 80. Y el niño crecía, y se fortalecía en espíritu; y estuvo en lugares desiertos hasta el día de su manifestación a Israel. 2:52. Y Jesús crecía en sabiduría y en estatura, y en gracia para con Dios y los hombres.

La vida de estos odres nuevos son fragancia grata y sus oraciones incienso delante de nuestro padre celestial, es por ellos que la tierra aún no ha sido sacudida y es por ellos que este libro ha sido escrito para que todos y en todas partes cuidemos, protejamos y proveamos los recursos necesarios que los capacite, promueva y los haga avanzar en sus ministerios, ya sea para que sean pastores o para que sean esposas idóneas que cuiden del pastor de Dios.

Sea cual sea el llamado y el propósito que Dios tenga en ellos, mi oración y ruego es que estos odres sean usados con poder, que sus vidas y ministerios sean revestidos con una doble unción para que muchos sean salvos, sanos, rescatados, alentados, bendecidos y restablecidos en el propósito por el cual fueron creados, llamados y afirmados.

Los jóvenes y los niños son la nueva generación de líderes en las iglesias, comunidades y naciones; ellos son los odres nuevos de los cuales todos daremos cuentas y principalmente cada pastor, ellos deben tener el discernimiento de conocer quienes en su congregación tienen la predisposición para servir en la obra, quienes tienen el llamado, quienes tienen esa unción especial de El Espíritu Santo, la sabiduría divina, los dones de Dios.

La inocencia y la pureza de muchos niños que se denominan "especiales" que han sido clasificados por la medicina y la sociedad con incapacidades mentales o discapacidad cognitiva, son la razón por la que la gracia, misericordia y favor de Dios aún abundan en muchos lugares, mientras veamos en ellos una oportunidad de ver a Cristo entre nosotros, muchas familias y sociedades serán abundantemente bendecidas.

Los pastores, lideres, ministerios y padres que no cuidan, valoran, protegen, nutren, preparan, invierten, educan, disciplinan, promueve, aman y dedican tiempo de calidad con estos siervos escuchándoles y contestando sus inquietudes son ciegos, sordos y torpes, ellos son semejantes a los verdugos que obedecieron la orden de matar a los inocentes en el tiempo que nacieron Moisés y El Señor Jesús, el mismo juicio de esos verdugos será para todo aquel neófito que no puede ver y atesorar lo que Dios les ha confiado a ustedes.

El genocidio espiritual ha salido de los pulpitos y se extiende por la radio, televisión y estadios, tomando diferentes formas siendo la más común el entretenimiento, el bla,bla,bla que abunda en todos los medios de comunicación el cual es totalmente aterrador, exterminador, criminal y agresivo contra la salud espiritual de todos los nuevos creyentes o convertidos

Las iniquidades, falsedades y atrocidades espirituales solo tienen un fin: matar la fe y la esperanza en los inocentes, confundirlos y apartarlos de la verdad. Estos jóvenes y niños requieren atención especial y no se pueden descuidar, pues sus vidas son diamantes muy especiales delante de nuestro Señor; lo peor que un pastor puede hacer es llegar a ser piedra de tropiezo en la vida de estos siervos en potencia, ellos son por los cuales la escritura dice:

Mateo 18:5. Y cualquiera que reciba en mi nombre a un niño como este, a mí me recibe. 6. Y cualquiera que haga tropezar a alguno de estos pequeños que creen en mí, mejor le fuera que se le colgase al cuello una piedra de molino de asno, y que se le hundiese en lo profundo del mar. Leer los versos del 1-10.

El día que todo pastor, líder y ministerio se presente para dar cuentas y entregar reporte ante El Pastor de Pastores, no será ni tendrá nada que ver con los diezmos y ofrendas recogidas, tampoco serán los edificios, los mega-templos, ni las gemas arquitectónicas lo que impresionara al Juez justo, no tendrá nada que ver con los miles de miembros en propiedad dentro del ministerio, ni mucho menos los conciertos, cruzadas, ni estadios repletos alrededor del mundo; según la Biblia no son los milagros, ni las liberaciones, ni las profecías lo que El tomará en cuenta para nuestra promoción.

SOLO ES UNO el resultado que El Juez justo pedirá cuentas a todo pastor, ¿CUANTOS DISCIPULOS? No cuantos dijeron amen todos los días en la iglesia, ni cuantos hablaron en lenguas, ni cuantos levantaron la mano el domingo, ni cuantos ofrendaron, diezmaron y llevaron su biblia. Lo que debemos entender muy claramente es que Dios está más interesado en la calidad que en la cantidad, este es el único y verdadero evangelismo que cuenta; enseñar las "Buenas Nuevas de Salvación" es discipular.

"Escribe al Ángel de La Iglesia" aclara que este mensaje ha sido encomendado a Ángeles que han sido preparados y enviados por Dios mismo, todo Pastor de Dios es un Ángel escogido, apartado, guardado, iluminado y revestido con autoridad de Dios para ese propósito Apocalipsis 2:1, 8, 12, 18 y 3:1, 7, 14, pero hay un engañador, seductor, tramposo y malvado que sabe cómo convencer y desviar a los ángeles de su propósito.

Este engañador arrastró y llevo consigo a la tercera parte de los ángeles del cielo, lo sigue haciendo en estos tiempos y en esta tierra, lo sigue haciendo con los pastores y en las iglesias hoy en día, Daniel 8:9-14 Apocalipsis 12:3-4,17; entonces tenemos en la iglesia los infiltrados del ejército enemigo manipulando a los ángeles o pastores de Dios, los que están caídos y apartados del propósito divino por el cual fueron enviados para hacer discípulos, operando sin poder, sin autoridad y sin producir los resultados de la salvación, sanidad y liberación; los impíos serán juzgados por despreciar el don divino de la salvación en Cristo, los creyentes serán juzgados por la forma en que desempeñaron los dones concedidos, por todo lo que hicieron para la expansión del evangelio a través de la instrucción sagrada que es el DISCIPULADO; nuestro juicio será por todo lo que hicimos y por todo lo que no hicimos pero que teníamos que hacer.

Las obras que fueron edificadas con madera y hojas secas arderán y se consumirán no quedando nada más las cenizas, los creyentes y fieles que sus obras atestiguan fidelidad al verdadero evangelio serán promovidos pues sus obras permanecerán y brillaran como brilla la plata y el oro cuando pasan la prueba de fuego; no somos salvos por las buenas obras que hacemos, pero porque somos salvos, hacemos buenas obras, y estas dan honra y gloria al Padre.

Leer y ver Mateo 5:16; 16:27, San Juan 3:20-21; 14:12, Romanos 2:1-11; 8:13, 1Corintios 3: 9-16; 2Corintios 11:15, Gálatas 2:16, Efesios 2:1-10, 1Timoteo 5:25; 6:18, Tito 2:7; 2:14, Hebreos 10:24, Santiago 2:14-26, Apocalipsis 2:2,5-6,9,13,19,22, 23, 26 y 3:1,2,8,15, y 14:13 y 20:12-13.

Isaías 61:1. El Espíritu de Jehová el Señor está sobre mí, porque me ungió Jehová; me ha enviado a predicar buenas nuevas a los abatidos, a vendar a los quebrantados de corazón, a publicar libertad a los cautivos, y a los presos apertura de la cárcel; 2. a proclamar el año de la buena voluntad de Jehová, y el día de venganza del Dios nuestro; a consolar a todos los enlutados; 3. a ordenar que a los afligidos de Sion se les dé gloria en lugar de ceniza, óleo de gozo en lugar de luto, manto de alegría en lugar del espíritu angustiado; y serán llamados árboles de justicia, plantío de Jehová, para gloria suya. 4. Reedificarán las ruinas antiguas, y levantarán los asolamientos primeros, y restaurarán las ciudades arruinadas, los escombros de muchas generaciones. 5. Y extranjeros apacentarán vuestras ovejas, y los extraños serán vuestros labradores y vuestros viñadores. 6. Y vosotros seréis llamados sacerdotes de Jehová, ministros de nuestro Dios seréis llamados; comeréis las riquezas de las naciones, y con su gloria seréis sublimes. 7. En lugar de vuestra doble confusión y de vuestra deshonra, os alabarán en sus heredades; por lo cual en sus tierras poseerán doble honra, y tendrán perpetuo gozo. 8. Porque yo Jehová soy amante del derecho, aborrecedor del latrocinio para holocausto; por tanto, afirmaré en verdad su obra, y haré con ellos pacto perpetuo. 9. Y la descendencia de ellos será conocida entre las naciones, y sus renuevos en medio de los pueblos; todos los que los vieren, reconocerán que son linaje bendito de Jehová. 10. En gran manera me gozaré en Jehová, mi alma se alegrará en mi Dios; porque me vistió con vestiduras de salvación, me rodeó de manto de justicia, como a novio me atavió, y como a novia adornada con sus joyas. 11. Porque como la tierra produce su renuevo, y como el huerto hace brotar su semilla, así Jehová el Señor hará brotar justicia y alabanza delante de todas las naciones.

Samos 138:1. Te alabaré con todo mi corazón; Delante de los dioses te cantaré salmos. 2. Me postraré hacia tu santo templo, Y alabaré tu nombre por tu misericordia y tu fidelidad; Porque has engrandecido tu nombre, y tu palabra sobre todas las cosas. 3. El día que clamé, me respondiste; Me fortaleciste con vigor en mi alma. 4. Te alabarán, oh Jehová, todos los reyes de la tierra, Porque han oído los dichos de tu boca. 5. Y cantarán de los caminos de Jehová, Porque la gloria de Jehová es grande. 6. Porque Jehová es excelso, y atiende al humilde, Más al altivo mira de lejos. 7. Si anduviere yo en medio de la angustia, tú me vivificarás; Contra la ira de mis enemigos extenderás tu mano, Y me salvará tu diestra. 8. Jehová cumplirá su propósito en mí; Tu misericordia, oh Jehová, es para siempre; No desampares la obra de tus manos.

CAPITULO 14

LOS PODERES DE ESTE SIGLO

Los frutos de El Espíritu Santo, los dones, las virtudes, disciplinas, consagración y santificación son la formación para el siervo de Dios, el pastor y el discípulo. Este es el principio del llamado en donde el poder de Dios se hará manifiesto en la vida de sus siervos y en la de todos los demás. Lucas 22:28-30, Santiago 1:2-7 y 1 Pedro 1:3-9 y Gálatas 5:22-26

Romanos 8:29. Porque a los que antes conoció, también los predestinó para que fuesen hechos conformes a la imagen de su Hijo, para que él sea el primogénito entre muchos hermanos. 30. Y a los que predestinó, a éstos también llamó; y a los que llamó, a éstos también justificó; y a los que justificó, a éstos también glorificó.

Muchos anhelan poder para hacer prodigios y milagros sorprendentes como los que Dios demostró en Moisés, Elías y El Señor Jesucristo, pero todo esto tiene un proceso y un principio de mucha humildad y abnegación. De que nos sirve ejecutar prodigios y maravillas si no tenemos, amor, paciencia compasión y misericordia. El Señor Jesucristo vino para rescatar lo que se había perdido y eso incluye una vida de poder y gloria para todos los creyentes, todos estos verán, tendrán y experimentarán las maravillas que Dios intenciono desde un principio para sus amados.

Los poderes y frutos que hoy debemos creer, anhelar y atesorar para dar, ser, enseñar y hacer discípulos que nos transformaran en héroes de la fe son los siguientes que a continuación comparto, estos aseguraran nuestra promoción para recibir los poderes del siglo venidero y ejercerlos magistralmente en el tiempo que a Dios le plazca, ese tiempo puede ser ahora, en el reino milenial o después de este. Lo importante es siempre estar preparados, ejercitados y en óptimas condiciones para el tiempo de la prueba, del examen, y de precalificación para poder avanzar al siguiente nivel.

El discípulo de Cristo sabe **AMAR, ATESORAR, ADIESTRAR, ADMINISTRAR, AVANZAR, ACTIVAR, AYUDAR, APRENDER** y puede **ATAR** en El nombre de Jesucristo todo lo malo, negativo y maldiciente que destruye vidas.

El siervo de Dios es **AMABLE, ANALITICO, AUTODISCIPLINADO, ABNEGADO** y sabe **ADAPTARSE** a circunstancias de abundancia o limitaciones.

El hombre de Dios ejerce **AUTORIDAD** con humildad y temor de Dios pues El mismo vive bajo esa autoridad.

El sacerdote de Dios práctica y enseña **ARREPENTIMIENTO** genuino.

El discípulo fiel es **BENIGNO, BONDADOSO, BENEVOLENTE** y **BENDECIDO** para **BENDECIR** a otros.

El siervo de Dios es **CORTES, COMPRENCIVO, COMPASIVO, CONSTANTE, COHERENTE, CONFIADO,** en **CONTROL** de sus acciones y sus palabras.

El es entendido en CIENCIAS, sabe aumentar y nutrir todos sus CONOCIMIENTOS pues esta conectado al Internet divino y eterno.

El puede CONCIENTIZAR, CONQUISTAR, CREAR y sobre todo CREER que todo lo que es imposible es posible si es permitido por Dios.

El hombre y la mujer de Dios de Dios son CORDIALES, COLABORADORES y saben ejercitar la CORDURA.

El pastor de Dios puede DISCIPULAR y DESATAR cadenas de opresión.

El puede DIRIGIR al extraviado, DISCERNIR, DAR, OFRENDAR, SEMBRAR y DIEZMAR sabiamente, No por manipulaciones impuestas por el hombre, pero más bien porque él tiene un corazón agradecido.

El siervo de Dios sabe ENDEREZAR, ESPERAR y ENSEÑAR.

Sabe EVANGELIZAR, ENVIAR, EXHORTAR, DIALOGAR, EMPRENDER, ESCUCHAR, FORTALECER y ENCAMINAR a otros por la senda antigua.

El esta envestido de **DOMINIO PROPIO**, posee **DETERMINACION** y ejercita el **DESPRENDIMIENTO**. Vive con **DEVOCION, DECISIÓN, EMPATIA** y tiene **FE** que produce resultados a tiempo y fuera de tiempo.

El es **DILIGENTE, DISCRETO, EFICAZ, EQUITATIVO, ETICO**, él es **EJEMPLO** y además es **ENTREGADO, ESFORZADO**.

El o ellos viven con gran **ENTUSIASMO** por las oportunidades, privilegios y poderes concedidos.

Son **FIELES, FORMALES, AGRADECIDOS, GENTILES, GENEROSOS, HONORABLES** y **HUMILDES**.

El hombre y la mujer de Dios se desenvuelven con **FRANQUEZA** y **HONESTIDAD**, ellos saben **GUIAR** y ser **GUIADOS**.

Ellos viven y experimentan el **GOZO** inefable que procede por la comprensión de su salvación; ellos entienden los favores y el poder de la **GRACIA** eterna, saben **GUARDAR**, también **IMPARTIR, INSPIRAR** e **ILUMINAR** a otros.

Ellos son INTEGROS y PRACTICAN LA JUSTICIA, SABEN JUNTAR e intervenir en la JUSTIFICACION que prueba LA INOCENCIA de quienes sufren injusticias.

Ellos son usados con poder para traer LIBERTAD a los encarcelados por el enemigo. Los pastores son LEALES al llamado, ellos son LABORIOSO y saben ser LÍDERES.

Ellos practican la MANSEDUMBRE y la MISERICORDIA, MULTIPLICAN RECURSOS y reparten DONES.

Ejecutan MILAGROS para honra y gloria de nuestro Padre Celestial y NO para vanagloria personal, TIENE MADUREZ y MODERACION.

MEDITAN sobre sus acciones, practican el ALLUNO y la ORACION. Saben NUTRIRSE o alimentarse saludablemente.

Son NOBLES que enseñan OBEDIENCIA con su ejemplo y saben demostrar todos los beneficios.

Los discípulos son OBJETIVOS, OPTIMISTAS y ORDENADOS.

Saben OTORGAR y PASTOREAR, VIVEN EN PLENA PAZ, conocen El Espíritu de la PROFECIA, PERDONAN, PROTEGEN Y PRESIDEN.

La PACIENCIA es una luz que ilumina sus rostros, saben PREVEER Y PERSEVERAR.
Son PRUDENTES, ejercitan la PASION SANTA y agradable a DIOS.

Ellos están orientados a la PERFECCION y PUNTUALIDAD; ellos saben recibir y también dar REVELACION, ayudan a RESTAURAR, RESTITUIR y RENOVAR.

Son RESPONSABLES, se REJUVENECEN en la presencia de DIOS, reparten al NECESITADO, saben REDIMIR y RECONCILIAR, son RECTOS.

Son usados para RESUCITAR vidas, ministerios y propósitos, como además y por que no cuerpos.

Son RESPETUOSOS y saben REFLEXIONAR, son RESEPTIVOS, RAZONABLES y además muy RESPONSABLES.

Ellos son usados por Dios para SANAR y SALVAR.

El siervo de Dios SUPERA las adversidades, ellos están al SERVICIO de Dios y su santa voluntad, ejercitan la SABIDURIA y SOCORREN al huérfano, la viuda, el débil y necesitado.

Saben SEMBRAR, saben de SACRIFICIOS y de SUFRIMIENTOS.

Ellos son SENSIBLES a la voluntad de Dios.

Desbordan de SENCILLEZ, no presumen lo que son, tampoco lo que no son y lo que no tienen.

Son SINCEROS y SOLIDARIOS, actúan con SENSATEZ entre los hombres y en SUJECION a la autoridad suprema de nuestro Padre Celestial.

Tienen amplia TEMPLANZA, TOLERANCIA y TRANSPARENCIA.

Los discípulos de Cristo TRAEN UNIDAD y UNCION.

Saben **VINDICAR** y su corona es la **VERDAD**, son **VALIENTES**, **VALEROSOS**, caballerosos saben **VALORAR** y **APRECIAR**.

Ellos son **VENCEDORES**, tienen **VISION** y están llenos de **VOLUNTAD** para servir en su llamado y rescatar a las ovejas que andan extraviadas incluyendo la multitud de pastores caídos.

JUAN 21:15. Cuando hubieron comido, Jesús dijo a Simón Pedro: Simón, hijo de Jonás, ¿me amas más que éstos? Le respondió: Sí, Señor; tú sabes que te amo. El le dijo: Apacienta mis corderos. 16. Volvió a decirle la segunda vez: Simón, hijo de Jonás, ¿me amas? Pedro le respondió: Sí, Señor; tú sabes que te amo. Le dijo: Pastorea mis ovejas. 17. Le dijo la tercera vez: Simón, hijo de Jonás, ¿me amas? Pedro se entristeció de que le dijese la tercera vez: ¿Me amas? y le respondió: Señor, tú lo sabes todo; tú sabes que te amo. Jesús le dijo: Apacienta mis ovejas.

Todos estos dones, talentos, virtudes, disciplinas y poderes no están limitados a ser únicos y suficientes para estos tiempos pues Dios es él que otorga a tiempo y fuera de tiempo a todos aquellos a quien El quiera otorgar más y en el tiempo de su perfecta voluntad según sus designios.

Anhelemos las riquezas del reino de los cielos, busquemos estos tesoros, valores, cualidades y disciplinas que están guardadas en nosotros y ayudemos a nuestros hermanos a ser mejores; valoremos a todos aquellos que las poseen y a los que entienden su gran valor, promovamos con ejemplos de que todo esto es de gran bendición.

Estas disciplinas cultivaran buenos hogares, amistades, noviazgos y matrimonios; las apariencias físicas y las posesiones materiales son insignificantes cuando se le compara con aquellos que poseen la hermosura del alma y la fortaleza espiritual, estas son las pruebas que El Espíritu Santo manifiesta sobre los creyentes y todo esto es agradable delante de Dios y de los hombres. Eviten aprender y practicar todo lo que contrario pues graves son los sufrimientos y consecuencias adversas que agobian a todos esclavos del pecado. Cada una de estas virtudes y poderes tienen una contra parte negativa obscura y poder del mal que destruye, que aflige, quebranta, acarrea maldiciones y muerte.

Pueblo de Dios busquen líderes y pastores que posean, demuestren y compartan con ustedes estas disciplinas en abundancia para que puedan aprender, crecer y estar firmes en sus vidas, hogares y demás.

No se trata solamente de que lo prediquen, lo vendan en un libro, lo repitan por radio y televisión; busquemos pastores que tengan un programa de discipulado donde ustedes puedan estrechar las manos de sus líderes, saludarles cara a cara, compartir una sonrisa, conversar y compartir estos valores para que queden cimentados y bien fundamentados, para que perduren en ustedes y en sus hijos. Reciban de su padre espiritual o pastores y den de la misma manera a sus hijos, sus discípulos en sus hogares y en todas partes, reciban de gracia, den y compartan de igual manera. Repitan estos procesos enseñándole a otros a que hagan lo mismo, entre más valores y disciplina pueda un discípulo atesorar, más serán las maravillas, el poder y la gloria de Dios que sus ojos verán, no solo en esta vida sino también en la venidera.

2 Corintios 4:6. Porque Dios, que mandó que de las tinieblas resplandeciese la luz, es el que resplandeció en nuestros corazones, para iluminación del conocimiento de la gloria de Dios en la faz de Jesucristo. 7. Pero tenemos este tesoro en vasos de barro, para que la excelencia del poder sea de Dios, y no de nosotros

Esta lista de poder, de hacer y de ser es para la práctica y la disciplina diaria del pueblo de Dios, esto es lo que nos promoverá a la siguiente lista de poderes, cuando "el hombre nuevo" haya sido confirmado.

Apocalipsis 2:26. Al que venciere y guardare mis obras hasta el fin, yo le daré autoridad sobre las naciones, 27. y las regirá con vara de hierro, y serán quebradas como vaso de alfarero; como yo también la he recibido de mi Padre; 20:4. Y vi tronos, y se sentaron sobre ellos los que recibieron facultad de juzgar; y vi las almas de los decapitados por causa del testimonio de Jesús y por la palabra de Dios, los que no habían adorado a la bestia ni a su imagen, y que no recibieron la marca en sus frentes ni en sus manos; y vivieron y reinaron con Cristo mil años. 5. Pero los otros muertos no volvieron a vivir hasta que se cumplieron mil años. Esta es la primera resurrección. 6. Bienaventurado y santo el que tiene parte en la primera resurrección; la segunda muerte no tiene potestad sobre éstos, sino que serán sacerdotes de Dios y de Cristo, y reinarán con él mil años.

Apocalipsis 1:6; 2:11; 3:21; 5:10; 11:6-11; 14:12-13; 22:5 Deuteronomio 15:6 Isaías 61:6 Daniel 7:18 Romanos 5:17; 8:17 y 12:1, 2Timoteo 2:12 1Pedro 4:13
1Pedro 2:4. Acercándoos a él, piedra viva, desechada ciertamente por los hombres, mas para Dios escogida y preciosa, 5. Vosotros también, como piedras vivas, sed edificados como casa espiritual y sacerdocio santo, para ofrecer sacrificios espirituales aceptables a Dios por medio de Jesucristo. 6. Por lo

cual también contiene la Escritura: He aquí, pongo en Sión la principal piedra del ángulo, escogida, preciosa; Y el que creyere en él, no será avergonzado. 7. Para vosotros, pues, los que creéis, él es precioso; pero para los que no creen, La piedra que los edificadores desecharon, Ha venido a ser la cabeza del ángulo; 8. y: Piedra de tropiezo, y roca que hace caer, porque tropiezan en la palabra, siendo desobedientes; a lo cual fueron también destinados. 9. Más vosotros sois linaje escogido, real sacerdocio, nación santa, pueblo adquirido por Dios, para que anunciéis las virtudes de aquel que os llamó de las tinieblas a su luz admirable; 10. Vosotros que en otro tiempo no erais pueblo, pero que ahora sois pueblo de Dios; que en otro tiempo no habíais alcanzado misericordia, pero ahora habéis alcanzado misericordia.

a) CREER Y VIVIR POR FE

Creer es profesar tu Fe a través de un estilo de vida particular, es imprimir tus pensamientos primarios en tus acciones. Estas acciones son el resultado o el fruto de decisiones basadas en lo que se cree y se abraza como la verdad principal, la razón de vivir y el propósito.

El instinto natural conduce a una madre a cuidar, nutrir y proteger a su criatura con todas sus fuerzas y capacidad ordinaria y extraordinaria. Esta sabiduría natural esta registrada y guardada en todas las razas y géneros como un instinto de supervivencia.

La madre no necesita analizar, estudiar o razonar, ella primero actúa protegiendo y luego analizara sus acciones.

El amor de la madre siempre ha sido el mejor ejemplo o comparación del amor de Jesucristo por la humanidad, el se entrego por amor y pago el precio mas alto por rescatar, cuidar, proteger y salvarnos. Todos los que creen en este principio y abrazan esta verdad entienden que su estilo de vida, que su fe y sus acciones están guiadas a conducirse en la luz y no en la obscuridad, en la verdad y no en la mentira, en lo correcto y no en lo incorrecto, en promover la vida y no la muerte, en promover todo lo que es bueno y agradable a nuestro Padre Celestial y a renunciar a todo lo que es malo y exalta la maldad.

La maldad busca y reclutas nuevos adeptos diariamente y constantemente, los agentes de maldad apresan fácilmente a todo aquel que no tiene cimientos, bases y raíces en la verdad, la luz, lo bueno y agradable al Dios dador de la vida. El maligno persigue, acosa, pone trampas y procura influir en los pensamientos y acciones de todos aquellos que han elegido y proclamado Fe en Cristo Jesús; al que camina rectamente quiere torcer o desviar, al que esta firme quiere tumbar, botar al piso y enviar al abismo de soledad y confusión, al que piensa lo bueno procura contaminar y al que actúa correctamente quiere avergonzar. Todos los días las tinieblas busca ganar terreno sobre la luz del día hasta el ocaso y todos los días los hijos de luz tenemos la oportunidad de traer esa luz a los que habitan en tinieblas y de iluminar en la obscuridad de la misma manera que iluminan, brillan y guían las estrellas en el crepúsculo y la tenebrosidad de la noche.

Todos los días el cáncer y los virus reclaman, razonan y procuran convencernos sobre sus derechos de existencia, crecimiento, expansión y multiplicación. El común denominador que esta a la vista para la justificación y propagación de lo malo son razones financieras y económicas que procuran beneficiar y exaltar a un grupo selecto que dirige y promueve sus agendas destructivas.

Sin cáncer y sin la creación de nuevos y más virus no existirían las multimillonarias corporaciones farmacéuticas y todos sus aliados. Lo mismo podemos decir de todas las demás industrias destructoras de la vida, de lo bueno, de lo recto y de lo verdadero. No nos sorprendamos que estos sean los mismos que profesan no creer en Dios y en la Biblia como autoridad y guía de nuestra fe en Cristo Jesús.

Los aliados de la destrucción y corrupción están en todas partes, ellos tienen presencia en lo que comemos y tomamos, ellos están en el carro o el vehiculo que conducimos o nos transportamos, en la casa que habitamos o el edificio donde trabajamos, ellos se benefician de las guerras, la destrucción y la reconstrucción.

Ellos monopolizan gobiernos, autoridad y leyes para delinquir, ellos controlan las agencias de gobierno y los carteles criminales. Ellos se enriquecen de la enfermedad, el hambre, la ignorancia, el atropello, la miseria, el dolor y la muerte. Ellos comercian con el cielo, con el infierno, con el nombre de Dios, con la fe de los creyentes, con la pureza del corazón sincero y honesto, no tienen límites ni escrúpulos para usar y abusar de la viuda, el huérfano, el débil y el desamparado.

Todos estos son la razón principal por lo cual a Dios le ha placido exaltar y glorificar a su hijo dándole un nombre que es sobre todo nombre, para que ante el se doble toda rodilla de los que están en los cielos, en la tierra y debajo de la tierra y toda lengua confiese que Jesucristo es El Señor. Muchos no lo saben, no lo entienden y no creen que un día cuando se encuentren ante el gran trono tendrán que doblegar su cerviz y deberán confesar que Jesucristo es El Señor. Todos ya sean buenos o malos, salvos o condenados todos confesarán y reconocerán su poder, dominio y autoridad.

Muchos fueron los que no creyeron que La Tierra fuese redonda y dudaron de la autoridad y veracidad de la palabra de Dios, Job 22:14, Proverbios 8:27, Isaías 40:21-23. Hoy en día nadie piensa y nadie duda de esta verdad, pero por miles de años muchos no sabían, no entendían, ni comprendían.

Irracional sonaría para la generación de Noé el concepto de un diluvio; comprender o tratar de entender las razones serias algo así como perder el tiempo. La única verdad y razón que conocían era la maldad y el poder destructor que gobernaba sus corazones. Génesis capítulos 6, 7, 8, 9 y 10. Las pruebas y cicatrices que quedaron como marcas sobre la tierra de este evento son el mejor recordatorio para esta generación de que por muy increíble que suene una advertencia bíblica debe considerarse y aplicarse como una guía personal, aunque muchos duden y la gran mayoría no den credibilidad eso no debería ser razón o excusa para no refugiarse en la verdad y autoridad de la palabra de Dios.

Moisés no creía en si mismo, Faraón no creía en la autoridad del Dios de los hebreos y los hebreos no se creían capaces de poseer la tierra prometida.

La duda y la desconfianza reinaba en todos, las señales y los prodigios no fueron suficientes para Faraón ni para los hebreos. Creer y confiar era ir contra la corriente, era atreverse a pensar diferente, representaba romper cadenas y yugos de cientos de años que habían cauterizado los corazones.

Faraón y Egipto representan el orden mundial impuesto por los hombres y sus sistemas de gobierno que justifican sus razones de gobernar, controlar, abusar, esclavizar y matar. Todos estos serán confrontados y destruidos por sus mismos dioses, todo lo que veneran se les convertirá en la peste que inundará sus sistemas, sus vidas, sus hogares, lo más delicado y todo lo precioso que consideren haber logrado y podido obtener.

Para todos los creyentes que creen a medias y que no están firmes en su fe, todos los que están como los hebreos que salieron de Egipto contemplando las ideas fáciles y conveniencias de volver o de vivir con una media libertad, todos los que piensan que es mas fácil el concepto de regresar que el de avanzar; que esta bien el murmurar, reprochar, criticar y condenar todo lo bueno de la bendición, protección, sanación, salvación y redención sufrirán las mismas consecuencias. Hermanos confirmemos la fe, reafirmemos la libertad en Cristo, defendamos todo terreno y nivel logrado y sigamos en la conquista de nuestra propia duda, debilidad e incredulidad. Por muy increíble que suene, nuestra libertad plena esta muy cerca, nuestra tierra prometida y sus frutos nos esperan si seguimos firmes sin desmallar.

CAPITULO 15

LOS PODERES DEL SIGLO VENIDERO

Súper Poderes en un corazón amargado, vengativo, herido y falso solo convierten a estas personas en súper villanos, súper malvados y súper destructores.

Los poderes del siglo venidero son la promoción para todos los que hayan vivido y fluido en los poderes concedidos en este siglo pre milenial, estos serán los jueces, reyes y sacerdotes que juzgaran y gobernarán a las naciones juntamente con Cristo por mil años. Entender los tiempos y los poderes que pertenecen a cada tiempo es parte de la revelación sublime de Jesucristo como El Mesías redentor y salvador. Los Judíos no creyeron y aun al día de hoy muchos no creen en el. Ellos esperaban ver a un caudillo que como Moisés los liberara y salvara de los yugos impuestos por otras naciones. Este es el Mesías que pronto vendrá, pero el que vino a enseñar de humildad, de amor, de paciencia, de dominio propio, de renunciar al ego y las vanaglorias de este mundo a este rechazaron y a El le condenaron a muerte. Esa es la razón por la que los creyentes, sus discípulos serán promovidos para gobernar a las doce tribus.

Lucas 22:28. Pero vosotros sois los que habéis permanecido conmigo en mis pruebas. 29. Yo, pues, os asigno un reino, como mi Padre me lo asignó a mí, 30. para que comáis y bebáis a mi mesa en mi reino, y os sentéis en tronos juzgando a las doce tribus de Israel.

Para el discípulo todo estos son los frutos o resultados cosechados por vivir una vida sometida a la autoridad de Cristo, Marcos 10:30 Lucas 18:30 y Hebreos 6:5.

1 = UN HOMBRE NUEVO

Un cuerpo revestido de gloria, es el nuevo hombre prometido para todos los fieles siendo Jesucristo el primer modelo de muchos que son capaces de creer en esta verdad. Este nuevo cuerpo glorificado, no sufrirá más enfermedad, dolor, envejecimiento, quebranto, hambre, insomnio, ni muerte.

La Salvación que Jesucristo nos ofrece es un paquete de lujo completo que solamente viviéndolo y experimentándolo se puede realizar y comprender en su totalidad realidad.

Tener Fe y creer no es un precio fácil, pero si es el principal precio que se debe pagar, por tanto jamás debes menospreciar tu fe en Jesucristo tu rey y salvador. Mateo 17:1-8; Marcos 9:2-8, Lucas 9:28-36, San Juan 5:28-29, 1 de Juan 3:2, Romanos 6:4; 7:6; 8:29, Filipenses 3:20-21, Colosenses 3:10.

1 Corintios 15:42. Así también es la resurrección de los muertos. Se siembra en corrupción, resucitará en incorrupción. 43. Se siembra en deshonra, resucitará en gloria; se siembra en debilidad, resucitará en poder. 44. Se siembra cuerpo animal, resucitará cuerpo espiritual. Hay cuerpo animal, y hay cuerpo espiritual. 45. Así también está escrito: Fue hecho el primer hombre Adán alma viviente; el postrer Adán, espíritu vivificante. 46. Mas lo espiritual no es primero, sino lo animal; luego lo espiritual. 47. El primer hombre es de la tierra, terrenal; el segundo hombre, que es el Señor, es del cielo. 48. Cual el terrenal, tales también los terrenales; y cual el celestial, tales también los celestiales. 49. Y así como hemos traído la imagen del terrenal, traeremos también la imagen del celestial.

La gloria de Dios operando a través de sus siervos en un cuerpo glorificado promete muchas garantías para un reino milenial lleno de abundancia, sanidad, restauración, paz, gozo y plenitud en todos los aspectos.

El Señor Jesucristo transformó el agua en vino, Juan 2:1:11. Atravesó y cruzo paredes, multiplicó peces y pan, resucitó a Lázaro y resucitó con gran poder él mismo. Moisés fue usado para transformar el agua en sangre, Éxodo 7:14-25; 17 y para que de una peña brotara agua. A Elías Dios lo uso para que la harina y el aceite se multiplicaran 1Reyes 17:15-16; Eliseo curó una hoya con sopa que estaba contaminada y que iba a matar a los hijos de los profetas; además multiplicó los alimentos para una multitud, 2 Reyes 4:1-6, 38-44 y 6:13-18.

Muchos no creyeron que Jesucristo era el Mesías prometido por que esperaban verlo lleno de gloria humana y de poder terrenal, pero su incredulidad los hizo morir viendo la gloria de Dios sin poder creer.

El llamado hoy en día es a creer aunque no veamos, creer aunque otros no crean, creer a pesar de que los evangelista, profetas y pastores se vuelven retractores. Creer en Dios, es creer que su gloria divina prometida llenara y transformara no solamente toda la tierra pero también nuestra vidas y cuerpos convirtiéndolos en una nueva persona llena de la gloria de Dios, todo esto está a nuestro alcance si tan solo pacientemente permanecemos creyendo.

2 = AUTORIDAD SOBRE LAS LEYES QUE GOBIERNAN LOS ESTADOS CLIMATOLOGICOS Y LOS DESASTRES NATURALES.

Autoridad sobre los vientos, sobre las aguas, los ríos, la mar, las lluvias y las leyes que gobiernan los estados climatológicos.

Eliseo ordeno a los cielos para que no lloviera y no llovió, 1 Reyes 17:1, esto produjo sequia para causar hambre por falta de cosechas y así castigar a Samaria por perseguir a muerte a los profetas de Jehová.

Los Dos Testigos son una referencia más del poder otorgado por Dios a los que creen y son fieles, ellos controlaran sequias, hambrunas, terremotos, maremotos, huracanes, incendios forestales y todos los desastres naturales temidos por la humanidad todos estos estarán bajo control de los jueces puestos por Dios para el día y la hora en que sea necesario ejercer estos juicios, Apocalipsis 11:3-13

El hombre con todas sus riquezas, ciencias, poderes y capacidades sueña con un día alcanzar esta potestad, pero han sido solo los escogidos de Dios, sus siervos y sus amados aquellos que con mucha humildad lograron alcanzar en el pasado y serán restaurados a ejercer esta increíble autoridad y potestad.

Moisés abrió el Mar Rojo e hizo curar las aguas amargas de Mara para que el pueblo bebiera y saciara su sed en el desierto, Éxodo 14 y 15:22-27. Josué abrió el Río Jordán, Josué 3:12-17.

Elías ordenó para que el río Jordán se detuviera y las aguas se detuvieron 2 Reyes 2:8. Eliseo su discípulo repitió estas hazañas y aún otras más, leer y ver 2 Reyes 2:14; 2 Reyes 2:19-22; 3:13-20, Mateo 8:23-27, Marcos 4:35-41, Lucas 8:22-25, Apocalipsis 11:6, Génesis 8:22.

3 = AUTORIDAD Y CONTROL SOBRE LA LEY DE LA GRAVEDAD.

La ley de gravedad no tendrá autoridad sobre este Nuevo Hombre con cuerpo glorificado. De la misma manera como Jesucristo se elevo al cielo y de la misma forma como muchos ángeles han descendido para ministrar, de esa misma forma seremos reunidos con Cristo en su segunda venida y de esa misma manera tendremos acceso directo a la presencia de Dios como ministros, jueces y reyes en el reino milenial. Las leyes gravitacionales que hoy nos gobiernan junto con todos los demás blasfemos, irreverentes y amantes de la maldad serán muy diferentes y ya no más aplicaran cuando disfrutemos de este y muchos privilegios que solo en este tiempo pre milenial se es posible calificar.

2Reyes 6:4-7, Mateo 14:22-33, Lucas 24:51, Marcos 6:45-52; 16:19, Juan 6:16-21; 20:17 Hechos 1:9-11.

4 = TRANSPORTACION INMEDIATA ENTRE ESPACIOS.

Las distancias no serán limitaciones ni objeciones para ejecutar autoridad y dominio otorgado en el reino milenial. Muchas habilidades y poderes que hoy pueden ser entendidos como supernaturales en aquel día será lo mas natural para todo aquel que alcance estas promociones resaltantes. La capacidad de poder transportarnos de un lugar a otro en un instante será una de las muchas maravillas que con precisión divina ejecutaremos. La precisión GPS satelital estará descontinuada y obsoleta. Ver los versos bíblicos de Marcos 16:12-14; Lucas 24:15-16, 31, 34-36, Juan 20:19, 26, Hechos 8:38-40 y 2 Corintios 12:1-4.

5 = PODER PARA LEER Y COMUNICARSE CON EL PENSAMIENTO

Tendremos la misma capacidad que Jesucristo tuvo de leer y entender los pensamiento de otros y sus verdaderas intenciones, la verdad reinara.

Nadie será capaz de mentir, engañar o manipular a los siervos de Dios en aquel día. La justicia de Dios reinará porque la verdad y la pureza de los pensamientos será en todos una ley natural. Nadie buscará su propia gloria y nadie tendrá falsas pretensiones, pues todos los pensamientos serán y promoverán lo puro y verdadero, gloria a Dios por todas estas promesas maravillosas que un día disfrutaremos cantando unidos llenos de paz y de verdad, Mateo 9:3-4; 12:24-25; 16:7-8 Juan 2:23-25.

6 = RESTAURACION DE LA NATURALEZA ORIGINAL Y ANIMAL

En el reino de Cristo sobre la tierra las fieras, bestias y animales de la tierra volverán a su estado original; todos ellos serán como cuando fueron creados por Dios bajo la autoridad y dominio de Adán, todos ellos estarán bajo el señorío de sus santos y todo esto será un esplendor para honra y gloria de Dios.

Conoceremos la voluntad de Dios para la humanidad tal y como fue intencionada desde el principio de la humanidad, la tierra será restaurada a su glorioso origen. Mil años es el cumplimiento de un tiempo nada más, Dios tiene planes mucho mejores que este, pues promete que veremos cielos nuevos y tierra nueva. Leer y ver las siguientes referencias. Génesis 1:19-31, 1Reyes 17:2-6, 2Reyes 2:23-24, Job 5:22-23, Isaías 11:6-9; 65:25, Daniel 6:16-28.

7 = PODER Y CONTROL SOBRE EL FUEGO

Desde la antigüedad el fuego ha sido uno de los elementos más benéficos y a la misma vez uno de los más destructivos, el profeta del fuego fue Elías, él comandaba fuego y el fuego consumía. 1Reyes 18:34-40 y 2Reyes 1:10-14. Las ciudades de Sodoma y Gomorra fueron consumidas por fuego y azufre que cayó del cielo comandado por los enviados de Dios, Génesis 19:24. Sadrac, Mesac y Abed-nego se pasearon adentro del horno de fuego preparado específicamente como sentencia de muerte por Nabucodonosor el cual glorifico a Dios al ver que el fuego no los consumía, Daniel 3:15-30. La Biblia revela que el fuego será un arma de destrucción y de tormento a todos los enemigos de Dios, Éxodo 9:23-24, Jeremías 4:4 Joel 2:30, Sofonías 3:8, Malaquías 4:1, Mateo 13:41-42,50; 25: 41 Apocalipsis 8:7-8; 9:17-18; 11:5; 20:14-15; 21:8.

Apocalipsis 14:18. Y salió del altar otro ángel, que tenía poder sobre el fuego, y llamó a gran voz al que tenía la hoz aguda, diciendo: Mete tu hoz aguda, y vendimia los racimos de la tierra, porque sus uvas están maduras.16:8. El cuarto ángel derramó su copa sobre el sol, al cual fue dado quemar a los hombres con fuego.

8 = EL SOL, LA LUNA Y LAS ESTRELLAS

Uno de los poderes más sorprendentes es la autoridad que relata la biblia y que manifiesta control y dominio sobre el sol, la luna y que comanda a las estrellas y el abismo. Apocalipsis 9:1-2 y 20:1. Todas estas son entidades creadas por Dios, todas están sujetas a su autoridad y es El mismo quien delega esta autoridad a quienes él quiere para que cumplan su propósito. Es sorprendente como el sol, la luna y el mar son más obedientes y sujetos a la autoridad de su creador, que el hombre mismo, Génesis 1:10-19; 7:11-12 y 8:2, cuando Josué necesitó que el día fuera más largo para acabar con sus enemigos, El ordenó al sol y a la luna y estos obedecieron.

Josué 10:12. Entonces Josué habló a Jehová el día en que Jehová entregó al amorreo delante de los hijos de Israel, y dijo en presencia de los israelitas: Sol, detente en Gabaón; Y tú, luna, en el valle de Ajalón. 13. Y el sol se detuvo y la luna se paró, Hasta que la gente se hubo vengado de sus enemigos. ¿No está escrito esto en el libro de Jaser? Y el sol se paró en medio del cielo, y no se apresuró a ponerse casi un día entero. 14. Y no hubo día como aquel, ni antes ni después de él, habiendo atendido Jehová a la voz de un hombre; porque Jehová peleaba por Israel.

9 = ATRAVESAR DIMENCIONES, CRUZAR TIEMPOS Y ESPACIOS.

Caminar en los tiempos como se camina y se cruzan los espacios históricos dentro de un museo. Atravesar dimensiones como se atraviesan los océanos que conectan diferentes continentes habitados por diversas culturas y razas dentro de una misma esfera. Conocer "Los Tiempos" como si fueran uno solo, atravesar el tiempo pasado, presente y futuro de la misma manera que se atraviesa una puerta que conduce a la sala comedor y cocina. Enoc fue traspuesto sin conocer la muerte, Genesis 5:21-24, Hebreos 11:5

Los ejércitos de Jehová fueron traspuestos o transportados de un lugar a otro de forma inmediata para defender y proteger a Eliseo, 2 Reyes 6:16-17.

Hay muchos otros poderes y misterios preanunciados en la Biblia, los que conocemos hasta hoy no son los únicos. Todos los que conocemos son parte del tiempo y el espacio al que estamos sujetos y la practica de ellos es necesaria para nuestra supervivencia y salvación, Juan 20:30-31 y 21:24-25 Deuteronomio 29:29, 2 Pedro 1:16

MATEO 17:1. Seis días después, Jesús tomó a Pedro, a Jacobo y a Juan su hermano, y los llevó aparte a un monte alto; 2. y se transfiguró delante de ellos, y resplandeció su rostro como el sol, y sus vestidos se hicieron blancos como la luz. 3. Y he aquí les aparecieron Moisés y Elías, hablando con él.

El tiempo del reino milenial no es ni será la culminación de todos los tiempos, es y será solo una etapa mas que hay que completar para continuar y avanzar a otras. La capacidad de poder viajar en el tiempo ha sido siempre un misterio para él hombre especialmente desde la teoría de la relatividad formulada por Albert Einstein a principios del siglo XX. Hebreos 13:8, Mateo 24:35, Malaquías 3:6, Judas 1:25, Salmo 90:2,4, Salmos 103:17, Isaías 41:4; 44:6 y Apocalipsis 1:4, 8, 11,17-18, nos presentan, explican y enseñan la autoridad, dominio y poder de Dios sobre el tiempo y todos los tiempos conjugados.

El señor Jesucristo se revelo y se hizo presente a través de todos los tiempos, a todos los creados y en todas partes; todos le han conocido según su cultura, mundo, esfera, dimensión, lenguaje, especie y anima.

COLOSENSE 1:15. El es la imagen del Dios invisible, el primogénito de toda creación.16. Porque en él fueron creadas todas las cosas, las que hay en los cielos y las que hay en la tierra, visibles e invisibles; sean tronos, sean dominios, sean principados, sean potestades; todo fue creado por medio de él y para él. 17. Y él es antes de todas las cosas, y todas las cosas en él subsisten; 18. y él es la cabeza del cuerpo que es la iglesia, él que es el principio, el primogénito de entre los muertos, para que en todo tenga la preeminencia; 19. por cuanto agradó al Padre que en él habitase toda plenitud, 20. y por medio de él reconciliar consigo todas las cosas, así las que están en la tierra como las que están en los cielos, haciendo la paz mediante la sangre de su cruz.

La Biblia es un resumen que intenta de forma sencilla explicarnos lo que para muchos en otros tiempos parecieron conceptos muy sofisticados y que solo se podían aceptar por la fe. Hoy que muchas profecías se han cumplido y que la ciencia ha avanzado deberíamos agregar a nuestra Fe las evidencias científicas e históricas, pero al mismo tiempo es hoy cuando mas Fe necesitamos para enfrentarnos a todas las aberraciones que buscan negar el poder absoluto e infalible de Dios nuestro creador. La incredulidad no es un hecho que carezca de evidencias es un problema que a pesar de las pruebas persiste por la dureza del corazón, el mejor ejemplo todo esto es y fue la obstinación de Faraón, Éxodo capítulos 5 al 15 y la rebeldía del pueblo Hebreos que pereció en el desierto, Números capítulo 14.

Jesucristo es el Alpha y la Omega, El es el principio y el fin del plan de redención. El tiempo del Reino Milenial es necesario para juntar, completar y conjugar los tiempos de salvación y así otorgar los poderes que serán necesarios para las siguientes promociones y niveles sobre lo creado en esta tierra la cual debe ser transformada, pero que en otro tiempo será despojada; pues la tierra y el mar ya no serán más y todos los entendidos y santos heredaremos un cielo nuevo y una tierra nueva, Isaías 65:17, 66:21-22 y 2 Pedro 3:7-13.

Apocalipsis 20:11 Y vi un gran trono blanco y al que estaba sentado en él, de delante del cual huyeron la tierra y el cielo, y ningún lugar se encontró para ellos. 21:1 Vi un cielo nuevo y una tierra nueva; porque el primer cielo y la primera tierra pasaron, y el mar ya no existía más.

Mateo 17:20. Jesús les dijo: Por vuestra poca fe; porque de cierto os digo, que si tuviereis fe como un grano de mostaza, diréis a este monte: Pásate de aquí allá, y se pasará; y nada os será imposible. Hebreos 11:1. Es, pues, la fe la certeza de lo que se espera, la convicción de lo que no se ve. 2. Porque por ella alcanzaron buen testimonio los antiguos. 3. Por la fe entendemos haber sido constituido el universo por la palabra de Dios, de modo que lo que se ve fue hecho de lo que no se veía.

Hebreos 12:4. Porque aún no habéis resistido hasta la sangre, combatiendo contra el pecado; 5. y habéis ya olvidado la exhortación que como a hijos se os dirige, diciendo: Hijo mío, no menosprecies la disciplina del Señor, Ni desmayes cuando eres reprendido por él; 6. Porque el Señor al que ama, disciplina, Y azota a todo el que recibe por hijo. 7. Si soportáis la disciplina, Dios os trata como a hijos; porque ¿qué hijo es aquel a quien el padre no disciplina? 8. Pero si se os deja sin disciplina, de la cual todos han sido participantes, entonces sois bastardos, y no hijos. 9. Por otra parte, tuvimos a nuestros padres terrenales que nos disciplinaban, y los venerábamos. ¿Por qué no obedeceremos mucho mejor al Padre de los espíritus, y viviremos? 10. Y aquéllos, ciertamente por pocos días nos disciplinaban como a ellos les parecía, pero éste para lo que nos es provechoso, para que participemos de su santidad. 11. Es verdad que ninguna disciplina al presente parece ser causa de gozo, sino de tristeza; pero después da fruto apacible de justicia a los que en ella han sido ejercitados. 12. Por lo cual, levantad las manos caídas y las rodillas paralizadas; 13. y haced sendas derechas para vuestros pies, para que lo cojo no se salga del camino, sino que sea sanado. 14. Seguid la paz con todos, y la santidad, sin la cual nadie verá al Señor.

10 = MUCHO MAS ALLA DE TODO LO QUE PODEMOS PENSAR E IMAJINAR

Existen potencias en el universo tan grandes y poderosas que son muy difíciles de comprender sin la ayuda divina; así mismo existen potencias microscópicas que su poder ya ha sido conocido por la debilidad y fragilidad del cuerpo humano. Ya sean microscópicas o mega monumentales todas están sujetas a la omnipotencia de nuestro creador y de nuestro salvador. Este pasaje bíblico es para mí una ventana a ese mega-universo y mega potencias que solo Dios en su omnisciencia y omnipotencia puede y sabe controlar.

APOCALIPSIS 20:1. Vi a un ángel que descendía del cielo, con la llave del abismo, y una gran cadena en la mano. 2. Y prendió al dragón, la serpiente antigua, que es el diablo y Satanás, y lo ató por mil años; 3. y lo arrojó al abismo, y lo encerró, y puso su sello sobre él, para que no engañase más a las naciones, hasta que fuesen cumplidos mil años; y después de esto debe ser desatado por un poco de tiempo.

No se ocuparon dos, ni tampoco tres, un solo ángel tiene la capacidad y autoridad de sujetar y encarcelar a la serpiente antigua. Luego es sorprendente ver que esta prisión es un abismo, no es el hades y no es el lago de fuego, pero si es un lugar herméticamente sellado, es una prisión de alta seguridad suficiente para mantener encerrado y bajo control al que representa todo lo maligno que en la historia conocemos.

El enemigo ya fue vencido su final ya fue escrito y esta realidad ya es un hecho.

¿Vale la pena esperar y llegar a la meta para ver este momento glorioso?

¡Si yo creo que sí!

Los motivo y les insto a todos a seguir fieles y firmes al llamado, gracias por sus oraciones y sean siempre bendecidos con la paz y el gozo eterno, amen.

LOS DIEZ MANDAMIENTOS
DEL PASTOR

I

NO ADULTERARA TU ALMA CON LOS DESEOS
DEL ANTICRISTO.
NO REPRESENTARAS, NI PREDICARAS A
OTROS DIOSES, IDOLOS, SEÑORES, IDEAS
Y PENSAMIENTOS FUERA DE TU PACTO
Y COMPROMISO CON JEHOVA TU DIOS.

NO TRAERAS BLASFEMIAS Y PAGANISMO
AL ALTAR Y NO HARAS COMO HACEN
LOS IDOLATRAS Y LOS HOMBRES DE MALDAD
QUE SOLO QUIEREN CONFUNDIR Y
TRAER MALDICION AL PUEBLO ESCOGIDO.

II

NO PROSTITUIRAS, NO CORROMPERAS,
NI VENDERAS LOS DONES, TALENTOS Y
PODER QUE JEHOVA TU DIOS TE HE DADO
NO LOS ENTREGARAS A NINGUN PODER MALIGNO
DE REALEZA, DE GOBIERNOS POLITICOS
O CORPORACION CORROHEDORA.
NO LOS BENERARAS, NO LOS ADORARAS
NI TE POSTRARAS ANTE ELLOS PUES ESTOS SOLO
QUIEREN EXPLOTAR Y ESCLAVIZAR A EL PUEBLO
SANTO.

III

NO TOMARAS NINGUN NOMBRE SANTO DE TU
SEÑOR Y SALVADOR PARA BUSCARTE FAMA Y
FORTUNA, JEHOVA TU DIOS NO DARA POR
INOCENTE AL QUE TOMARE SU NOMBRE EN
VANO.

IV

RECUERDA DE SANTIFICAR TU VIDA TODOS LOS DIAS, PUES TÚ ERES LLAMDO AL SACERDOCIO QUE DEBE DE INTERCEDER POR EL PUEBLO, CAMINA BAJO LA AUTORIDAD DE LA PALABRA SANTA CON TEMOR Y TEMBLOR SABIENDO QUE EL JUICIO COMIENZA PRIMERO EN TU CASA.

V

HONRA EL NOMBRE DE JEHOVA TU DIOS CON VERDAD Y FIDELIDAD NO EXALTES TU NOMBRE, NI EL DE TUS CONSIERVOS BUSCANDO IDOLATRIA Y PLEITESIA.
HONRA EL NOMBRE DE JEHOVA TU DIOS DELANTE DEL PUEBLO ESCOGIDO Y NO SEAS CAUSA DE TROPIEZO.

VI

NO PROFERIRAS NINGUNA MALDICION, NI CONDENARAS A MUERTE A TODOS LOS DE ALMA DESALENTADA. JEHOVA ENVIARA SUS PROFETAS A QUE DECLAREN JUICIOS Y ESTOS OFRENDARAN SUS VIDAS COMO LOS PROFETAS QUE FUERON ANTES DE ELLOS. EL PASTOR ES LLAMADO PARA SANAR, RESTAURAR, SALVAR Y NO PARA CONDENAR NI MALDECIR.

VII

NO ADULTERARAS LA PALABRA SANTA DE JEHOVA TU DIOS.

NO HABLARAS LISONJAS, NI FALSAS PROFECIAS EN SU NOMBRE.

NO QUITARAS Y NO AÑADIRAS A SU PALABRA SANTA, PORQUE SI ASI HICIERES TU NOMBRE SERÁ BORRADO DEL LIBRO DE LA VIDA.

VIII

NO ROBARAS LOS DIEZMOS Y OFRENDAS PARA TUS VANIDADES Y VANAGLORIA, PARA TUS DELEITES Y PLACERES, PARA TU ORGULLO Y SOBERBIA.

TODOS LOS DIEZMOS Y OFRENDAS SON PARA HONRRA Y GLORIA DE JEHOVA TU DIOS, SON PARA EL SUSTENTO DE LOS LEVITAS QUE SON LOS DISCIPULOS CONSAGRADOS Y LOS DEDICADOS A TIEMPO COMPLETO PARA ESTUDIAR, ENSEÑAR Y PREDICAR.

IX

NO HABLARAS FALSOS TESTIMONIOS Y NO CONDENARAS A LOS INOCENTES POR DEFENDER UNA POSICION DE PASTOR CAÍDO Y TORCIDO.

SI HAS CAÍDO ARREPIENTE PERO SI INSISTES EN LA SOBERBIA JUICIO Y CONDENACION DEMANDAS PARA TI.

X

NO CODICIARAS LAS PROPIEDADES DEL PUEBLO SANTO. NI SU CASA, NI SU TIERRA, NI SU CARRO, NI SU GANADO, NI SUS HIJOS, NI SUS HIJAS, NI NINGUNA COSA QUE DE ELLOS QUIERAS ROBAR O AREBATAR PARA TI.

www.ingramcontent.com/pod-product-compliance
Lightning Source LLC
LaVergne TN
LVHW011216080426
835509LV00005B/160